20～30岁,
你拿这十年做什么

郭翰轩/编著

企业管理出版社

图书在版编目（CIP）数据

20～30岁，你拿这十年做什么/郭翰轩编著．－北京：企业管理出版社，2010.1

ISBN 978－7－80255－389－7

I.①2… Ⅱ.①郭… Ⅲ.①青年修养—青年读物 Ⅳ.①D432.63－49

中国版本图书馆 CIP 数据核字（2009）第 238754 号

书　　名：	20～30岁，你拿这十年做什么
作　　者：	郭翰轩
责任编辑：	树民
书　　号：	ISBN 978－7－80255－389－7
出版发行：	企业管理出版社
地　　址：	北京市海淀区紫竹院南路 17 号　　邮编：100048
网　　址：	http：//www.emph.cn
电　　话：	出版部 68414643　发行部 68467871　编辑部 68428387
电子信箱：	80147@sina.com　zbs@emph.cn
印　　刷：	北京东海印刷有限公司
经　　销：	新华书店
规　　格：	170 毫米×240 毫米　16 开本　15.5 印张　180 千字
版　　次：	2010 年 4 月第 1 版　2010 年 4 月第 1 次印刷
定　　价：	28.00 元

前　言

年轻，并非人生旅程中的一段时光，也并非粉颊红唇和矫健体魄，它是心灵中的一种状态，是头脑中的一个意识，是理性思维中的创造潜力，是情感活动中的一股勃勃朝气，是人生春色深处的一缕清新。

年轻，意味着甘愿放弃温馨去闯荡生活，意味着超越羞涩、怯懦和欲望的胆识与气质。时间会改变我们的容颜，但不会湮灭我们的意志。年轻，不一定要成功，但一定要有追求；年轻，不一定要成熟，但一定要上进；年轻，不一定要沉稳，但一定要善于总结。童年，更多地属于摇篮；青年，更多地属于事业；老年，更多地属于庭院。执着的追求和不断的进取，是年轻的使命。

对于二三十岁的年轻人而言，需要做一些什么呢？需要为未来做出一些预测和准备，并以此来对自己的人生作出规划，作出有针对性的安排，而不能只顾及眼前的一些直觉。

在20～30岁，要知道如何去正视自己，如何为理想、为将来去奋斗。在这个阶段特别需要有自己的人生目标。这个目标或许经过一生的奋斗也未能实现，但这并不意味着因此就失去了制定目标的价值。人正因为有了目标，才能朝气蓬勃向前进取，保持积极的心态，充实每一天。

一个有远见、有思想、有准备的年轻人一定要弄明白：什么事是重要的？如果不知道，那可以问问自己："如果我明天就要离开这个世界，那我今天要做什么准备呢？"你的回答往往出乎你的意料，但

你要花时间去做这些事，才不会后悔终生。

岁月可以在脸上留下皱纹，却无法为灵魂刻上一丝痕迹。忧虑、恐惧、缺乏自信会使人沉沦于时间的尘埃之中。无论是52岁还是25岁，每个人都会被未来所吸引，都会对人生竞争中的欢乐怀着孩子般无穷无尽的渴望。

在我们心灵的深处，都会有一个无线电台，只要它不停地从人群中、从无限的时空中接受美好、希望、欢欣、勇气和力量的信息，我们就会永远年轻。一旦这无线电台坍塌，我们的心便会被玩世不恭和悲观绝望的寒冰酷雪覆盖，直到衰老。

20~30岁，我们到底拿这十年来做什么？通过阅读本书，希望可以给那些正在迷茫中的年轻人带来更多的启示和借鉴，从而不断地自我反省、修正思想去引导自己今后的生活，为了更加幸福的未来生活而鞭策自己！希望你能找到自己的答案。

编　者

目 录

目录

第一章

这十年，要挖掘深层的自我

生活，并非你想象的那样

20～30岁，正值青春绽放的人生阶段，许多年轻人面对工作、生活、朋友、爱情，感到一片茫然，不知道前途在何方，更不明白自己要什么，也不清楚怎么样算是朋友，不明白爱着谁，谁又值得爱，常常将自己置于一片混沌中而不知所措。

生活在现实生活中的我们，形形色色、千奇百怪。太理智化的人，生活寂寞；太感情化的人，生活坎坷；太随意化的人，生活平凡。生活的意义究竟是什么？

现实一点儿的人说：人的意义嘛，念书、工作、结婚、生孩子、赡养老人、抚育后代。提倡行乐主义的人说：人生苦短，不如趁自己年轻多享受一点，人都是自私的，多给自己找点乐子比什么都强。

不断向自己或身边的人提出疑问：年轻的时候该怎样生活，到挂拐杖的时候才不会有遗憾？每个人都会说，过自己想过的生活！但是，可以做到吗？——几乎不可能！所以，无论年轻时怎样过，到挂拐杖时多多少少都会有所遗憾。我们要做的就是，让遗憾降到最少！

人年老的时候过着清贫孤独的生活，不是年轻的时候做错了什么，而是年轻的时候做得太少或许多该做的事没做。安徒生说："一个人在年轻的时候，可以而且应该投到生活中去，和生活融成一片。"

每个人都有童年时代的梦想，年轻时代的冲动、无奈与挣扎。要告诉自己：我还年轻，但我已经攀登上了成熟的阶梯，正试图融入这个社会，无论是黑还是白，我愿意去面对，没有什么比年轻的力量更大的。

然而，现在一些年轻人心态浮躁，做什么都图快。不止工作，在情感方面，这部分人也追求刺激，认识没几天就结婚，结婚没几天又闹离婚。对生活缺乏责任感，是这一代人的通病。一些都市年轻人喜

欢新奇和挑战，认为自己无所不能，在工作中"跳来跳去"，总想找适合自己的社会角色。一般来说，刚踏入社会，没有资历，收入不高很正常，而攀比和不满足现状的心态往往让他们对自己认识不足。俗话说"吃一堑，长一智"，但现在有些年轻人吃不下这个"堑"。一旦在某方面失败了，就可能从此不敢再涉足。要知道，失败后再迈出去一步，距离成功就近多了。

其实，在社会上打拼过的年轻人都会有这样的感触：**生活，不是想象中的那么完美。**

江明在一家咨询公司工作。每周五天，要是有一天能在晚上 8 点之前下班回家，简直就是烧了高香。赶上做项目，连续几个通宵吃住在公司也是常有的事。有时候，江明会在某个莫名其妙的时间出现在家门口，扔下一大堆脏衣服，拎起另一包干净的，扭头就走，连水都顾不上喝一口。如果周末能侥幸不去单位加班，江明也绝不会闲着，在家里写报告、拟合同、查资料……有那么多事情要做，客户那边还催着呢。

就这样，工作，占据了他生活的全部——全部时间和全部精力。

他原本有不少计划的：练练英语，报个钢琴班学学弹琴，整理一下自己从小到大的照片，写写博客，去健身房出出汗，或者去欧洲旅游……

可是，都 3 年了，这些计划始终还只是计划，江明在生活上的进展几乎为零。如果有空，他宁肯狠狠地睡上一觉，或者窝在沙发里，盯着电视里的肥皂剧发呆。

前两天同学聚会，江明好不容易能抽空出席。可刚开始没多久，客户的电话就追来了。他只好躲到角落里，不厌其烦地一一解释着电话那头的疑问，之后又紧急致电同事，敲定相关细节。江明一直记得老板的话：咱们做服务业的，没有上班下班之分，要时刻准备着，客户什么时候有需要，我们就什么时候开始工作。

等事情全部搞定，饭桌上只剩下残羹冷炙了。同学们还一个劲儿地调侃："江总，业务够忙的！"

对于工作，江明感触颇深：只要进了职场，只要待在这个岗位上，你就像轨道上飞速行驶的列车，身不由己。只有极少数人才有资格有能力让列车停下来，可以慢慢地走，看看周围的风景。

很多时候我们不得不屈服于这个世界。其实我们一直在顽固地坚持着我们珍视的东西，可是这个社会让我们认识到我们有的时候是多么的可笑。

为了生活，不得不抛弃很多东西，学会很多东西。很多时候，想要爱却不能去爱；很多时候，害怕孤单却不得不孤单；很多时候，不想坚强却不得不坚强；很多时候，明知道不可以却身不由己；很多时候，做着自己都不知道为什么要做的事；很多时候，迷失了自我。

有时，生活真的很无奈，无奈到我们没有勇气去改变；无奈到我们没有能力去改变；无奈到我们根本不想改变。

生活的残酷，逼迫着每个人必须学会抛弃自己的幻想去接受现实，然而我们很多人又会心不甘地寻觅着现实中的幻想，在现实与幻想之间无休无止地纠缠着，不知道自己究竟应该是忠实于现实还是该沉沦于美轮美奂的幻境之中。

的确，生活就是一条布满荆棘的曲折小路，前面未知的困难与危险太多了。正因为如此，我们才需要在杂乱中保持一份清静，在黑夜里点燃一盏明灯。**当机遇来的时候，敢于把握；当困难来的时候，敢于面对。**

李芳也是身不由己，生活被各式各样的工作计划排得满满的。27岁的她一个人在上海漂着，至今仍单身。

她在会计师事务所的工作单调乏味，却极耗费精力。5年来，李芳在这里成长为一个光鲜干练的项目经理，手下百十来人，月薪上

万。而这一切的代价是，她不得不放弃自己的私人生活。

　　每天早上从家里出门，李芳就一头钻进她那辆银灰色宝来，直奔公司，差不多要到晚上11点，才能摸着黑开车回家。从大学毕业开始工作那天起，李芳都是表面快乐，内心惶惶——脑子里装的全是乱七八糟琐碎的烦心事，只能靠网上那些台湾八卦节目偶尔散散心。

　　以前的李芳也是文艺青年，可现在，家里的书倒是买了不少，可每本拿起来翻几页就看不下去了。看报纸更不可能，超过2 000字的文章对她来说就是长篇了。现在李芳看的最多的就是时尚杂志，铜版纸全彩页，好像只有这样华丽的包装才能稍稍吸引她的注意力。而且这种杂志的最大好处是，图片多文字少，看着不累。

　　吃饭也是个大问题。李芳现在住的房子是3年前买的，厨房整洁一新，基本上没开过火。几年来，她几乎吃遍了楼下的各个饭馆，更是周围快餐店的常客。其实李芳是会做饭的，能炒出不少饭馆里"叫得出名"的大菜。现在这样成天凑合着过，因为做饭太浪费时间了，要买菜洗菜切菜，哪有这闲情逸致呀。

　　有好心人替她张罗了个男朋友，可工作让她完全没心思考虑这事。不久前，男朋友约她去看话剧，但她的时间就是迟迟定不下来。就这样日复一日，这部演了将近50场的话剧，李芳愣是没看上。

　　"还是算了吧，挺好的男孩，我都觉得对不起人家。"她不好意思地推辞别人的一番好意，"真的是现在没心思，有点儿时间我宁肯自己歇会儿。谈情说爱这么美好的事，放在我身上，反而成负担了。"

　　"人生就像一盘棋，得得失失"。因此，我们必须理智地接受"得失互济"的观念。应该知道，世界上有许多事情，是没法尽如我们心意的。同时，我们个人的力量，也是有一定限度的。1年有12个月，1个月有30天，1天有24小时，1小时有60分钟，1分钟有60秒。走过的时间总是那么匆忙，而前面的时间却总是让人感到漫无边际、

遥遥无期，当前面的时间变成身后的时间，那么在这段间隙里，我们究竟付出了什么？收获了什么？

原来，蛰伏与沉淀，收敛与恢复，酝酿与过渡，都不过是一种状态而已。而我们要做的就是坦然面对。

任何时候，我们都用不着怀疑，用不着抱怨。**不管世事如何，努力做最好的自己，这才是我们应该做的。**

好好地生活，踏实地工作。既然"生活不总是我们想象的那样"，就应该努力让生活变得美好。当我们创造出"比想象中还美好的生活"的时候，便能体会到生活的快乐与满足！

寻找理想的人生模式

人活着，要有追求，有梦想，要活得开心，快乐，这才是理想的人生。上天给我们机会来到世间走一遭，我们要珍惜，因为生命是如此的短暂，如果不知道珍惜，它将很快地逝去，到头来我们将一事无成。

同样是活着，有些人活得很精彩，很出色；而有些人活得很失意。同样是活着，有些人天天开开心心、快快乐乐，而有些人整天闷闷不乐、愁眉不展。同样是活着，我们为什么不选择一种愉快的活法呢？同样是活着，我们为什么不想办法让自己生活得美好一些呢？要想方设法地提高我们自己的生活品质，对得起生命，对得起自己。因为别人不会去理会你是否开心，是否开心取决于你自己。

有两个从德国移民美国的兄弟，1845年，他们来到纽约。在纽约待了一段时间后，哥哥觉得生活太艰难，就和弟弟商量怎样才能活下去。在德国的时候哥哥有一技之长，就是泡菜做得很好吃。弟弟太年

轻，什么都不会。哥哥说，我们外乡人在纽约这个大城市太难生存了。于是，哥哥离开了纽约，去了加利福尼亚，继续做自己的泡菜去了。弟弟想，反正我没有手艺，在哪里都一样，索性心一横留在了纽约。

就这样，弟弟在纽约找了一个可以养活自己的工作，白天打工，晚上求学。他学的是地质学和冶金学。哥哥来到加利福尼亚的一个乡间，这里有很廉价的土地，他就买下来一块种卷心菜，成熟后再用来腌泡菜。哥哥很勤劳，种菜腌泡菜，养活了一家人。

4年以后，弟弟大学毕业了。一天，他来加利福尼亚看望哥哥，哥哥问："你现在都拥有什么呢？"弟弟说："我除了有一纸文凭外，什么都没有。""你还是踏踏实实地跟我干活吧！我带你参观我的菜地吧。"哥哥建议道。

弟弟在菜地里，蹲下来看了看菜，然后扒拉一下菜底下的土，在那看了很久。然后，他回屋拿了一个脸盆，盛满了水，把土一捧一捧的放水里漂洗。他发现盆底下，有一些金灿灿、亮闪闪的金属屑。弟弟非常惊讶地抬起头，看着哥哥，长叹一声，说："哥哥，你知道吗？你是在一座金矿上种卷心菜！"

看完这个故事，你会想到什么？你会嘲笑哥哥的愚昧无知吗？竟然在金矿上种卷心菜！你会蔑视哥哥偏安一隅，每天辛辛苦苦却只能过养家糊口的日子吗？如果是这样，那么就请你思考一个问题：什么是理想？什么是现实？

像弟弟这样把幸福寄托于明天的人属于理想型群体；像哥哥那样，把目标锁定于当下的人属于现实型群体。为了能过上更好的生活，弟弟一边学习一边打工，可以说意志坚定，精神可嘉。为了能在美国生存下来，哥哥一个人来到加利福尼亚的乡间，通过自己的一技之长和勤劳过上了幸福、安稳的日子。对于他们，我们都应该给予肯定。之所以如此，是因为他们都对自己有很清醒的认识，没有让自己迷失在理想与现实之间。

人生如梦，人们常常这样说，想来，也不无道理。的确，人生是一个可大可小、可长可短的梦。人生之梦又由千千万万个多种多样的梦组成。归纳起来这些梦大致可以分为两种，一种叫梦想，另一种叫理想。

理想人生是由一连串的奋斗组成的，追求理想要奋战不懈。托尔斯泰将人生的理想分成一辈子的理想，一个阶段的理想，一年的理想，一个月的理想，甚至一天、一小时、一分钟的理想。

梦想与理想并不矛盾，它们是一对孪生兄弟。这对兄弟如此的相似，以至于人们常常无法分辨。严格地说，理想是经过努力可以实现的，而梦想有时背离现实太远，甚至与现实相悖。

真正的理想与现实之间有一座桥梁。有时它长得需要你努力向前，走稳脚下的每一步，才能到达彼岸，有时它短得让你一眼就能看见桥那边的迷人风景。理想自人的心底萌发，它经过深远的思考，经得起时间的流逝、道路的坎坷，是风雪不断的人生路上长明的指路灯。但理想与现实之桥，不是时时刻刻都存在的，有时它需要你亲手去建造。

人的一生中不能没有梦想，那样的日子太乏味，也不能没有理想，那样的话生活会失去目标。理想与梦想有机地组成了生活之梦，使它不会偏离现实太远，也不会接近现实太多。每个人心中的理想总是与现实有些距离，在现实与理想之间，总有着很多限制性的因素。理想与现实就好比天与地，人生存在的目的，就是寻找那条地平线。当一个人只溺于理想而逃避现实时，他就失去了立足之地；当一个人只活在现实而抛弃理想时，他又没有了蓝天和光明。

有些朋友也误将不切实际的理想，当作一生追求的目标，更因个性执拗，不肯碰壁后转变，几乎要与整个社会为敌，乃至不断孤立自己，愤世嫉俗，到最后，不但自己的理想没有达成，更付出一生徒劳无功的代价。不要以为只要一往无前，自己就一定能成就某种事业。理想脱离了个人的处境，只不过是空想而已。

一天，父亲给我两只杯子，里面装满了泥土。父亲要我把杯子放在窗台上，每天给它们浇水。

两个星期后，其中一只杯子的泥土里冒出了两片细细的嫩叶，我把这个消息告诉了父亲。

父亲问我说："你同时给两只杯子里的泥土浇水，同时为它们付出了辛劳和汗水，为什么一只杯子里长出了新叶，而另一只杯子里却什么也长不出来呢？"

我确实不知道里面有什么奥妙。父亲接着说："那是因为我在其中一只杯子里埋入了一粒种子，另一只则没有。"

"这粒种子就代表着生命的理想、信念和目标。那个没有种子的杯子就意味着生命没有理想、信念和目标，这说明如果生命没有理想、信念和目标，就是付出再多的辛劳和汗水，生命也不会有收获。"

第二天，父亲又给我两只杯子，里面也装满了泥土。这次，父亲要我只给其中的一只杯子里浇水。

两个星期后，那只浇水的杯子里冒出了新叶，而另一只没有浇水的杯子里却什么也没有长出来。父亲又说："在这两只杯子里，我各埋入了一粒种子，为什么浇水的那只冒出了新叶，而没有浇水的那只却没有呢？"

父亲又说："那是因为，生命仅有理想、信念和目标是不够的，还要懂得为它付出，没有辛勤汗水的浇灌，就是再好的'种子'，再好的理想、信念和目标，也只是海市蜃楼、空中楼阁，永远成不了现实。"

父亲之所以精心策划并指导我做这两次实验，主要是想让我明白理想与现实之间的关系，明白其中的道理。

每个人从小就有梦想，而随着年龄的增长，有些人的梦想由于种种原因破灭了，不得不把这些梦想深埋在心底，而有的人，却在这一生中，不断为这份梦想而孜孜不倦地努力着，拼搏着……带给我们更

多反思的是梦想和现实之间究竟有多大的距离，不是所有的梦想都将成为现实，也不是所有的梦想都会化为泡影，如果我们只一味地夸夸其谈，大谈自己的理想而不去实践，那只能像赵括纸上谈兵一样，成为一纸空谈，如果不讲究方法不掌握技术一味地蛮干，最终也只能留下无法收拾的残局。我们一向强调理论联系实际，而理论是需要我们掌握一定的科学知识，这样，才能拉近梦想与现实之间的距离。一个人没有梦想是可悲的。然而，整天沉浸在梦想中甚至盲目地去追求又是不可取的。有了梦想之后，我们要为了这个目标不断地学习，不断地进取，再加上追求梦想的执著精神，我们的梦想才最终会变为现实。

一个人要生活得健康，开心，快乐，需要他具备一些优秀的品质，有一个良好的心态。我们要对人生有一个积极向上的心态，要相信我们明天会生活得更好、更美、更幸福，要有希望、有梦想、有追求，这样我们才会有生活的动力。有梦想在，我们的人生才会更加精彩。没有梦想的人生，心灵是干枯的，内心是枯燥乏味的。

所以，人的一生应该是确立理想、信念和目标以后并为之努力奋斗的过程！

学会与自己的心灵对话

认识事物是需要一个过程的。因为笼罩其上繁纷芜杂的东西太多了，使我们看不清事物的本来面目。或是删繁就简，或是去芜存真，或是拨云见日，或是剥茧抽丝，总而言之，用尽种种办法寻查和探究，然后归纳总结，分析推理，做出有理有据的判断和肯定，最后方能正本清源，发现事物的真相和本质。

"看人担担不费力，自己挑水累死人"，很多时候事情总是说起来容易做起来难。因为种种的寻查和探究会遇到各种各样的障碍和阻挠，有人为的，也有客观的。如果你等得起，也可以把一切交给时间，时间是最好的检验工具，所谓"大浪淘沙"，留下的是真金。

认识事物和人固然如此，了解自己的内心也是一样，如果你不能真正地清心内视，聆听自己心灵的呼唤，你就永远也不会发现你内心真正的渴求。你问过世界自己从何而来，又到何处去吗？问过自己人生的意义吗？问过你爱的是谁，什么是你真正的快乐吗？问过何处是你灵魂真正的归宿吗？曾有人问古希腊大学问家安提司泰尼："你从哲学中获得什么呢？"他回答说："同自己谈话的能力。"和自己的心灵对话，就是发现自己，发现更加真实的自己。

学会与自己的心灵对话，我们会变得越来越明智，越有内涵，越思进。学会与别人的心灵对话，我们会活得越来越辩证，越充实，越自信。学会与万物的心灵对话，我们会活得越来越富有，越强大，越青春。

生活中的一些平凡琐事，会把人的感觉带入误区。有时人疑惑生活为什么这样茫然，为什么充满这么多的遗憾，而自己的企盼却总也不能实现，有时这使自己感到身心都已经疲惫不堪了。这些莫名其妙

的情绪和感受充满了人的整个头脑，占据了人的内心世界，但是自己却始终得不到解脱。

其实，如果细心观察就会发现，生活中很多不愉快的事情，都是因为心情烦躁而产生的。如果能在遇事时冷静地思考一下，让心情平静下来，和自己心灵对话，那么心情就会好很多。

当别人有了烦恼找到你的时候，你总能竭尽所能地给别人安慰，但是你却忽略了尽力安慰自己心灵的重要性。不要让心灵像受了委屈的小孩子一样躲在角落里而漠不关心他的存在。把他当成你最爱的人，用充满无限柔情的感觉问一问他：你快乐吗？你痛苦吗？你有什么不开心的事情吗？你的生命中还缺少什么？我能够帮助你做什么……这样交流一段时间，你就会发现心灵像一个最好的朋友，你完全可以把不能讲给别人的事情讲给她听，她会不厌其烦地听你把事情讲完。

在现实生活中，听取和尊重别人的意见固然非常重要，但无论何时我们都不要人云亦云，去做别人思想的傀儡，而要经常和自己的心灵对话，问问自己，想要的究竟是什么。这样我们就不会在左右摇摆、不知所措中身心疲惫，最终失去可贵的机会。做自己想成为的人，无论成败与否，我们都会获得一种成就感和自我归属感。

与自己的心灵对话，打造开阔而宁静的心灵空间。每个人内心深处都有一处这样的避风港，在人生的旅途中走得累了，烦了的时候，不妨走进自己营造的心灵小屋，安静下来，把琐碎的烦闷、生活的困惑暂时抛到九霄云外，静静地倾听自己心灵的声音！

每个人，都应该学会与自己的心灵进行交流。这种对话只是针对自己的心灵，而忘掉现实生活中我的对话。

其实，没有什么能困得住自己的心。心什么时候都是自由的，就像乌云无法遮住天空，只是当乌云来的时候，你看不见天空。烦恼、执著、甚至你的幻想，都是心灵的乌云，它遮住了你，但改变不了心的本质。

每个人，都要修炼一种内功，这种内功可以驱散心灵的乌云。这

种内功的修炼，需要大量的阅读和不断的静心思考，需要真正把自己当成朋友来交流。也许，在这个社会上，和人交流很容易，你也很善于和别人交流，但是，却很难和自己交流，那是因为，你没有正确地认知自己，不是低估就是高估。人，很难认清楚自己，因为人有太多的主观和感官意识，有太多习以为常的惯性，有太多的所谓自我。人要客观地评价自己很难。

那么，我们怎么样才能与自己的心灵对话呢？首先，要学会放下。放下，就是不要把自己看得那么重。当我们能够蜕去一切浮华和内心的浮躁，真正静下来的时候，就到了自己与心灵对话的时候。你会在与心灵的对话中感悟一些道理，会发现，原来你的内心是如此的丰富，没有谁来教你，也没有刻意的追逐，这种丰富自然天成，是你本性里所具有的自然流露。这就是真实的自己，这就是真实的内心。

其次，学会欣赏生活，享受生活，感受生活，感悟人生。对于生活，我们要保持一个欣赏的心态，我们可以把生活当作一件艺术品，通过自己不断的努力，把它雕琢得更好，更美！要做到这些并不容易，如果我们整天琐事缠身，可能很难静下心来。我们要学会热爱生活，琐事可以使我们变得烦乱不堪，但绝不可以让它将我们的心变得烦乱不堪。

生活由两部分组成：物质生活，精神生活。我们要不断地改进自己的物质生活，让自己尝到生活的乐趣和甜头，时不时地给自己一个奖励，比如大餐一顿，或出去旅游，不断地提醒自己生活是如此美好。同时，也要不断地提高自己的人生修养和精神境界，改进自己的精神生活。这就要靠思考和参悟，当然不是凭空去想，而是对自己所经历的事情进行反思，思考生活中的事情，思考这个世界上各种各样的现象，思考人生的道理。当然也可以借助一些优秀的作品，比如书籍、电视等等。但是别人的思考代替不了自己的思考，有些道理，只有自己亲身经历了，通过自己

的思考，才能够真正地明白。

还有，就是要学会慢生活。生活是一种充实的循序渐进式的"链接"，"欲速则不达"。现代人，请给自己的心灵放个假。其实，高质量的生活应是一种平衡，该快则快、能慢则慢。它没有一成不变的公式和万用守则，只是让每个人都有权利选择自己的生活步调，如果我们愿意腾出空间容纳各种不同的慢生活，这个世界会变得更加多彩。

如果我们能掌控生活的速度，知道什么时候可以放下，什么时候要加快脚步，什么时候必须驻足，什么时候又该跃起，就不会因为一路快跑追赶而忽略了道路两旁美丽的风景和本该细细品尝的生活滋味，也不会因为忘了停下脚步而错过身旁关怀的眼神和暖暖的爱意。

现代人都渴望成功，但是否为了成功就一定要把自己弄得那么紧张呢？其实不然，每个人的生活都可以适当地放慢一点，多留一些私人时间去享受生活的乐趣，这样的人生会少很多遗憾。比如周末与朋友一起到公园茶馆，抛开一周的繁忙，泡上一杯淡淡的清茶，捧着暖暖的茶杯，轻轻地啜上一小口，那茶香便一点一点渗进身体。顺手看一本悠闲的小说或是一篇温情的散文，让疲惫的心灵在文字间缓缓流动、沉淀，这样的时光是惬意的。

平时的生活都太匆忙，时间被切得太碎。仔细回忆是不是你发的电邮字数全部少于 300 字？平均在每张网页上停留的时间不超过 8 秒？所有的书都只看了一半？生活的节奏太快了，我们应该停下来思考一下，让高速运转的机器有一个检修的机会，使自己过一种"工作再忙心不忙，生活再苦心不累"的"慢"生活。

生命是有限的，而我们可以把有限的生命以"慢"的姿势拉长。贴近自然，读万卷书，行万里路，用"慢"的姿势和节奏丰富我们的心，也丰富我们有限的生命。

在这人生至关重要的十年里，心灵总会因碰到生活中诸多无奈的事情而感到十分的疲惫，但我们无须关闭我们的心灵之门，我们要通

过学习，做事情，排解我们心灵的烦闷，我们的心灵就能因接受到新鲜的空气而变得有生机，有活力！

学会与心灵对话，实际上就是我们如何做人的一种态度！

用独自的视角营造一个独特的世界

罗素有一句名言，"参差多态乃是幸福的本源"。人生价值也应该是参差多态的。古希腊时期，有一次亚历山大大帝慕名前去拜访哲学家第欧根尼，他对哲学家说："我可以满足你一切要求，你有什么希望就告诉我。"第欧根尼穿着破衣服，正睡在一个烂木桶里晒太阳，他毫不客气地说道："我惟一的希望，就是请你不要挡住我的太阳。"亚历山大沉默半晌，最后平静地对身边的人说："假如我不是亚历山大，我一定做第欧根尼。"国王有国王的威仪，哲人有哲人的智慧，富贵有富贵的享受，自由有自由的快乐……这就是人生价值的参差多态，能够同时拥有这样的哲学家和国王，是古希腊人的幸福。价值观，究竟是怎么一个名词？价值观是人们对一件事作出取舍时的权衡标准。而人生观呢？应该就是人们看待事物的态度。**人成长的环境不同，遇到的人和事不同，决定了人们的人生观和价值观不同。**每个人都是独一无二的个体，没有任何人会有与自己一样的价值观和人生观。如果你看到了，那只是假象。而且，随着时间的推移每个人的价值观、人生观都不时地受其个人所看到的、听到的、感受到的人和事物影响，并处在不断变化中，只是有时候变化小到无人能察觉。量变到达一定程度时便会发生质变，有人会质变不止一次，有的人却一直像曾经那样。

日常生活中，同样的一件事情，同样的一个情景，不同的人会做出不同的举动。这都是不同的人不同的价值观和人生观的反映和影

响。细心观察，会发现每个人都有自己独特的地方。即使同一时刻同一举动，不同的人，还是会由不同的思想所驱动。同一举动，可被动，可主动。不同的人会有不同的表现。

其实，我们一直在要求自己改变的同时却忘记了我们本来就是独一无二的。是的，自从出生起，我们就是独一无二的。我们不是最漂亮的、不是最优异的，却永远都是父母眼里最最重要的宝贝，最引以为傲的孩子，在他们眼里我们就是独一无二的。慢慢的长大了，工作了、恋爱了，也许在工作中我们只是一个普通得不能再普通的职员，但是在情人眼里，我们依然是独一无二的。我们的坏脾气、我们的缺点、我们的平凡，在情人的眼里都是独一无二的。也许正是因为这样，才会有情人眼里出西施这句话吧。再后来，我们结婚了，也有了自己的子女，我们也一样视自己的子女如珍宝，在子女的心目中我们也是珍宝，我们的位置是什么都取代不了的，尽管，我们不是最优秀的，但我们却是他们眼中最最重要的。从出生的那一刻起，我们的一生就注定是"独一无二"的。

在这个世界每个人都是独一无二的，我们的思想、我们的内在，都是别人无法模仿的。我们都可以信心十足地活出自我的精彩。人生最大的成功，不在于成就的多少，而在于你是否努力地去实现自我，喊出自己的声音。

每个人都有自己的价值，你不可以因为自己某一方面的成功就觉得高人一等，也不必因为自己某一方面不如他人而自轻自贱。许多时候，我们太在意别人的感觉，因而在一片迷茫之中迷失自己。随意地活着，你不一定很平凡，但刻意地活着，你一定会很痛苦，其实人活着的目的只有一个，那就是不辜负自己。

我们要学会尊重不同的人生，不同的价值观。每个人都有选择自己所走的道路的权利，每个人都有思考的权利，每个人都看起来比他人思考得更多。永远不要用书本上的标准，更不要用自己的价值观去评价任何一个人。这是一个多元的世界，没有什么是绝对正确和绝对

错误的，有人选择拼命地念书，有人选择到社会上去闯荡，也有人选择消极地等待。无所谓对错，不同的只是人们的价值观。

保持一个真实的自我并不等于要标新立异，甚至明明知道自己错了，或具有某种不良习惯而固执不改。保持自我，是保持自己区别于他人的独特、健康的个性。这种人是真正具有自信心的人，当然更具备无穷的魅力。他们无论在何种情况下，都会保持一个真实的自我，并会恰到好处地表现自己独有的一切，包括声调、手势、语言等等。因此，充满自信地在他人面前展现一个真实的自我吧，不必为讨好他人而刻意改变自己，尽力成就真实的自我，用你的坦诚赢得他人的坦诚，以自信的步伐行进在人生的路上。无须按照他人的眼光和标准来评判甚至约束自己，你无须总是效仿他人，保持自我本色，这是最重要的一点。

努力营造一个独特的世界，还要不断地修正自我，年轻人应该多借鉴别人的生活智慧，不断地自我反省，才能将自己的价值观带到一定的高度。世界上最聪明的人是借用别人撞得头破血流的经验作为自己的经验的人，世界上最愚蠢的人是用自己撞得头破血流的经验作为自己的经验的人。下面的一些经验不妨参考下，希望给迷茫的年轻人带来一些启发：

1. 年轻的时候该奋斗还是该享受，对一个人而言是个终生的问题。

2. 物质具有生命的属性，而生命具有智力的属性，这对于理解你来自哪里有极大的帮助。

3. 原地不动，意味着有无限的可能将会发生，但是你没有那么多的时间去等待它们一一发生。

4. 不懂技术也可搞施工，那就需要你的管理能力很强，并且有一支很好的施工队伍。这点不妨学学马云。

5. 即使人类再伟大，目前人类的一切成就都无非是智力与体力对自然界做出的回应。

6. 人类的视界与人类的想象力有极大的联系。

7. 一个人要扩大自己的胸怀，要学会宽容，这看似在宽容别人，实为宽容自己。这需要你跳出自身去看待自己，这点难度比较大。

8. 活在这样一个世界想理解这个世界和自己不免有当局者迷的嫌疑，所以当你离开这个世界的时候，你就要有在那一刻理解这个世界的准备。不然你就白来这个世界了。

9. 当一个人自称其无所不知时，他离无知最近。

10. 若能一切随它去，便是世间自在人。人真应该这样吗？你又要走极端了。

11. This is your unique campaign（人生是你独特的战役）。

12. 对于人来说，为人生的主题寻找意义才是主体，人生是主食，金钱是调料，有调料也许更好吃，但切勿本末倒置。

13. 每个人的人生都有不同的主题，主题不同，内容就不同，意义也不同，于是这构成了人类同一个世界，不同的梦想，多彩的人生，这既体现出世界的博大，也体现出人的灵活性。

14. 网络有利有弊，与电脑保持适度距离。清静的心灵能感受到自己的存在，而游走的心灵则找不到自己的家。

15. 全世界包括客观的物质世界与主观的内心世界。而客观世界与内心世界有如下关系：人类的内心世界一部分是外部世界的反映，一部分是连自己也分不清楚的思维世界，这需要内心深处细致的感觉才能体会得到，外部的世界很庞大，故渺小的人类不可能完全涉足。

可以这么说，20岁到30岁是整个人生观、价值观、世界观形成的时候。因此，20多岁的我们，会常常感到迷茫和困惑。但是，无论如何，这个时候的我们会让生活教会我们如何去面对一切，然后建立起支配我们行动的独一无二的价值观。

拥有一套为我所用的评价系统

你如何看待自己呢？你喜欢自己吗？你相信自己是一个有用、重要的人吗？你相信自己表现最佳吗？你对于自己是一个这样的人满意吗？这就是你的自我评价。

自我评价的高低反映了我们的自信程度，我们的自我认可程度，我们赋予自身的价值的感受，以及我们对自己的期望。有较高的自我评价的人通常会感到舒适、自信，他们能够与他人进行清晰的沟通。（很多时候有较高自我评价的人，人们通常会叫做自负）

有较低的自我评价的人在生活中就像扳着手刹开车一样。他们常常感到不被认可和不适应，他们缺乏自信，他们的沟通经常是不协调的。我们所有关于自己的观点，无论是积极的、消极的还是无关紧要的，都引导着我们的一言一行，并在我们的沟通和生活中扮演着关键的角色，直接影响我们事业和生活的成败。

我们常常不自觉地给自己或别人贴标签，父母也爱这么做——为每个孩子找一个标签有助于解释或预测他们的行为。然而，每个人都是独一无二的，不论贴了什么标签，每个人都有自己的品性。贴标签的方式往往过于概括了，具有过滤作用的标签往往忽视了每个人的独特性。一旦贴上了标签，你就会不自觉地按照标签描述的样子去做，而不是发展那些本来就有的个性品质。

最了解自己的人，其实就是自己。从无知，到熟知，是一个循序渐进的过程。熟知不仅仅是你对这个世界的了解加深，其实对自己的认识，也同样更加清楚。也只有这样，对自己做的事情才会更有把握。羡慕别人的成就，不是不可以，只是在羡慕的同时也好好地衡量一下自己的能力，在这个人际关系复杂的社会，各种附带条件，都将

会影响自己的成功。**重新认识自己**，对一个成熟的人来说，是一个阶段性的总结，同时也是为自己以后的成功做好充足的准备。知彼不能百战百胜，只有知己知彼才能百战不殆。

那么我们如何制定一套适合自己的评价系统去重新认识自己呢？社会心理学研究表明，我们是通过两条途径来认识自我的，一是"自我比较"，一是"社会比较"。

1. 自我比较

所谓自我比较，就是把现在的自我和过去的自我、所追求的将来的自我进行比较，如果三者之间基本一致，个体就会肯定现在的自我，对自我是满意的、悦纳的，并产生自信和自尊；如果对过去的自我不满意，或觉得现在的自我与将来的自我有较大的差距，那么自我就会产生不平衡，对现在的自我就会持否定态度，个体的自信心会动摇，自尊心也会受到伤害。

对这种自我比较，心理学家詹姆斯提出了一个公式：自尊＝成就/目标。公式中的"自尊"可以看做是自我对现在的自我的态度；"成就"是过去活动的结果，因而标志着过去的自我；"目标"即自我为自己设定的目标，因而标志着将来的自我。詹姆斯的这个公式，概括了过去的自我、现在的自我、将来的自我三者的关系。如果已取得的"成就"与追求的"目标"一致，甚至高于"目标"，自信心就会较强，标志着现在的自我充满自信，自尊感就较强。反之，如果"成就"低于自我设定的"目标"，自信心和自尊感都会降低，并对现在的自我产生不满意的感觉。

从这个公式可以看到，一个人过去所取得的成功或失败对个人的自我评价有着重要的影响，并通过自我评价影响到整个自我的态度。公式也表明，一个人追求的目标如果超过过去取得的成就，那么对现在的自我就会不满意，心理上的平衡就会被打破。因此，为自己设定恰当的目标就显得十分重要。当然，如果把目标定得很低，不费吹灰

之力就能达到，那对个人来讲也是毫无意义的。可是如果把目标定得太高，超过自己的能力或实际条件，即使付出巨大的努力也无法达到想要的结果，这不仅会使行动失败，更重要的是会给自我带来打击和创伤。现实生活中有不少人就是因为脱离实际条件，为自己制定出过高的目标，对自己提出不切实际的期望，从而给自己带来精神上的折磨和痛苦。殊不知环境改变了，各方面的条件都发生了变化，需要对自我进行重新评价，并及时修正自我的目标和期望值，使其变得更为符合实际，这样才不至于对自我丧失信心。

2. 社会比较

自我认识的另一条途径就是社会比较，这是美国社会心理学家菲斯汀格提出的。菲斯汀格认为，个体对于自己的评价是通过与他人的能力和条件的比较而确定的，是一个社会化过程。他指出，个体为了适应生活必须十分清楚地了解自己及周围环境的情况，如果对自我不了解，就会产生不安与焦虑，甚至会引起紧张，不知道应该怎样表现自己，尤其是当个体处于一个新的环境，很想了解自己的能力与观点在群体中有什么地位、产生什么作用时，社会比较就显得更为迫切。

社会比较常常是在无意中进行的。人们有一种心理倾向，总是不由自主地用别人的形象或某种特点来衡量自己，并据此对自己做出某种评价，或是因自己优于别人而沾沾自喜，或是因自己不如别人而自惭形秽。

美国曾有人做过这样一个实验：先请一些想谋求职业的人就指定的几个品质进行自我评价，然后把这些人分为两组，在两组求职者面前各出现一位先生，一组中出现的是一位衣着考究、神态自信、温文尔雅、手提公文包的人；另一组中出现的是落魄潦倒、畏畏缩缩、衣着肮脏的人。这两个人假装来办事，等两位先生走了之后，主试又让两组被试对自己的上述品质重新评价。结果，见过"干净先生"的那

组的自我评价比第一次都降低了，而见过"肮脏先生"的那组人的自我评价比第一次评价都提高了。

这个实验不仅证实了社会比较往往是无意识地进行的，而且也说明社会比较在形成和改变个体的自我认识中的重要作用。

社会比较理论认为，当个体发现自己对自己的评价与类似于自己条件的他人对自己的评价一致时，就加强了自我评价的信心，大大提高了安全感；相反，如果发现和这些人对自己的评价差距很大时，就会使自己的安全感受到极大的威胁。

通过自我比较和社会比较，我们认识到了获得成功的人生一定要拥有一套合宜的自我评价。但是我们对所谓的成功的人生的理解又有多少呢？成功意味着很多很多东西，并且根据每个人不同的理解还可以无限的延展下去。但是究其本质，成功是什么呢？

成功其实包含两方面的含义。一是社会承认了个人的价值，并赋予个人相应的酬谢，如金钱、地位、房屋、尊重等等。二是自己承认自己的价值，从而充满自信、充实感和幸福感。但是人们往往忽略了成功的后一种含义，认为只有在社会承认我们、他人尊敬我们时，我们才算度过了成功的人生，只有在鲜花和掌声环绕着我们时，才算是到了成功的时刻；而自己认为自己成功不仅没有意义，而且还有狂妄自大的嫌疑。

实际上，一个人只有在对自己有较高评价并认为自己一定会成功时，他才可能真正成功。这中间的道理也很简单，那就是人不可能给别人他自己都没有的东西。如果一个人觉得自己的生命没有价值，那么又怎么可能给社会创造价值，并最终得到社会的承认呢？

人就像一部汽车，期望就像汽车的变速档，而心中的怀疑、自卑、愤恨、失败感等消极的想法就像汽车发动机里的锈斑和污垢，只有在清除这些污垢并挂上高速档时，人生这部汽车才能快速地奔向成功，而一个对自己期望很低并且自卑的人则好像一辆只有低速档的冒

着黑烟的老爷车。正如一句唐诗中描绘的"沉舟侧畔千帆过，病树前头万木春"，现代社会更是一个人才济济、充满竞争的社会，只有自信并敢于行动的人才有成功的机会。在美国哈佛大学约翰·科特关于美国成功企业家的一项调查中，研究了数百个成功的个案，他发现成功人士的一个共同特征就是有很高的自我评价，认为自己的行为代表正确的方向，同时他们都有很强的自信心和进取精神。

当然，在生活中也有另外一面，那就是任何人都会遇到不如意的事，每个人都难免产生烦恼、悲哀、内疚、失望等情绪。面对失败，有人会不断地提醒自己是个失败者从而在战战兢兢中等待下一次失败，而失败也常常如约再次降临到这些人身上，所以失败有时也是自找的，在真正的失败到来前，他们已经在心中对自己的能力发生了怀疑，放弃了努力，坐等失败的来临。

体会孤独带来的快乐

谈到人生的成功，年轻的人们总是会想到高昂的激情、强健的体魄、吸收容纳知识的开放的头脑等这些必要元素。然而，很少有人能够体会到享受孤独的重要性。孤独这个东西可以说是每个人的一生中都无法避免的。这个东西实在是难以捉摸，时而来时而去，时而来得在预料之中，时而来得陡然。

每个人都害怕孤独，可是孤独却像空气一样如影随行。任你怎么努力它还是会伴随你的一生。即使众人在旁边，可还是感觉形单影只，没有人能懂你当时的心情，那种感觉比孤单一个人在家里面对着电脑还要孤独，于是慢慢地学会了一个人独处，一个人吃饭，一个人逛街，一个人说话一个人回答，一个人思考。学会品尝孤独，欣赏孤独的人真的不多。人都在慢慢地长大慢慢地学会欣赏自己，这就是成

长的经过。

孤独是一种特殊的力量，如果你体会到了孤独感并且是快乐的，那么恭喜你，你的心灵是强大的。孤独是一种幸福的超越，在孤独中可以学会爱自己，也学会理解别人孤独的心灵和深藏在那些心灵中深邃的爱，爱诚然使人陶醉，孤独也未必不是一种享受。在孤独中去感受这种心的宁静未尝不是一种别样的幸福。

现在大多数的工作一族想必都在城市里面忙碌着，其中，百分之八九十都是要把他乡做故乡的外地工作人员。条件好一点的，有自己的房子自己的车，但是很多人还是住在租来的房子里，每天乘坐公交车上下班，在家的时候，总是觉得外面的世界很是精彩，但是，自己出来了之后才知道，外面的世界有时候也很无奈。毕业生中，能选择到自己对口的专业的人占十分之一就算是不错了，其他的人，在激烈的竞争压力之下，选择自己还能接受得了的工作，每天还要面对严厉的老板和相处不融洽的同事……接触现实的社会、复杂的人际关系，又要为生存去赚钱、为事业去奋斗、为爱情而付出，这一切一切都是生活的真谛，可现实生活就是那么无情，它没有任何伪装，我们的身心也在一次又一次经受着生活的考验，在这种考验与努力中，我们逐渐成为了一个思想上的弱者。

每天都在接触形形色色的人，尤其是暮色朦胧的时候，忽然觉得很是落寞。当一个人孤独的时候，总会寻寻觅觅想消除孤独。当你努力在孤独中迷失自我的时候，虽然你孤独的心也得到了片刻抚慰，但却永远消除不掉内心的真正孤独。如果一个人幻想在孤独中得到快乐，那首先就要学会忍受孤独。

孤独，是我们工作和生活中的一种情绪。虽然你名望很高很有地位，那也会有孤独的时候。也许为了忘记孤独，我们曾尝试过把自己的时间排得满满的，当拖着疲惫的身体躺在床上后，便会很快进入甜美的梦乡。可当没人和我们说话的时候，我们就会不知所措变得急躁不安，那是因为我们还没学会去忍受孤独。其实，孤独还是受自己控

制的，你控制得当内心就不会有孤独；你控制不当孤独就会时刻陪伴着你。当一个人孤独的时候，应该找一个心灵安宁的角落，细细地解读它，让你在属于自己的世界里学会忍受孤独。

要学会忍受孤独，这样我们的思想才会成熟起来。年轻人嘻嘻哈哈、打打闹闹惯了，到了一个陌生的环境，面对形形色色的人和事，一下子不知所措起来，有时连一个可以倾心说话的地方也没有。这时，千万别急躁，学会静心，学会忍受孤独。在孤独中思考，在思考中成熟，在成熟中升华。不要因为寂寞而乱了方寸，而去做无聊无益的事情，白白浪费了宝贵的时间。曾有人说过："当一个人能够安于孤独的时候，他就没有什么可害怕的了。"孤独是把双刃剑，能安于孤独的话，会让人坚强，会使人沉思，会使人有更多的时间畅游在自己的思想世界里。李敖说过："一个伟大的文字工作者，总是一个独来独往的人。"李敖坐了十四年牢，他的绝大多数书都是在坐牢期间写的。如果不能安于孤独的话，则会寻找新的派遣寂寞的方法，是不会成为一个精神上的强者的，也不会成为一个思想者。

我们不可能每一分钟都被朋友亲人所围绕，不是吗？很多时候我们总是要面对独处的现实，甚至面对独处时的孤独与寂寞。孤独和寂寞其实并不可怕，可怕的是我们不愿意承受那颗拒绝孤独的心灵。每个人都应该学会享受独处，享受寂寞，享受孤独。英语中有一则谚语：SOLITUDE IS OFTEN THE BEST SOCIETY（独处常常是最佳的伴侣）。能够享受孤独，并不代表着我们一定很孤独。在与心灵的对话中，我们寻找到了共同的语言；我们可以畅所欲言，将俗世的酸甜苦辣全部吐露出来，而心灵永远是一个忠诚的倾听者。能够享受孤独，必定能给我们带来理智的头脑，温和的性情，优雅的举止，又怎么会找不到亲密的朋友呢？

人到了一定的地位，有了一定的财富，就难得寂寞，但坚守孤独，却是需要一定的智慧与勇气。我们，作为刚踏入社会的一群人，如果在心底没有一条固守的底线，没有一颗耐得住孤独的心，那么，

我们就很容易迷失。我们都是平凡人，我们只能算得上是小孤独，真正能够成功的人士，受的是大孤独，对于梅兰芳的那句台词——谁要是毁了梅兰芳的孤独，就是毁了他。真正的孤独造就真正的大家。让我们深有体会的两个字，就是坚守，这两个字写起来容易，要是真正做起来还是非常的有难度。在一个陌生的城市里，难免会受伤，难免会孤独，但是，我们都在孤独里学会了坚强，我们微笑着，坚强地，努力地，好好地活着。

孤独，它并不可怕，只是我们应该好好地去把握。在漫漫的人生旅途中，你一定要学会忍受孤独，因为忍受孤独的同时也在体味生活，感知生活，品读生活！不要惧怕孤独，因为孤独并不可怕。孤独的时候可以学着让自己忙碌起来，寻找一些新的乐趣，在孤独中品味自己的生活。不要依赖朋友家人赋予生活的快乐，学会一个人享受生活的丰富，享受孤独中的那份愉悦！**要想获得成功的未来，一定要学会忍受孤独。一定要学会把自己做厚，要很好地利用自己的资本，积累知识，把自己做强。**

我们应该清淡生活，简约生活，为孤独做减法。我们每天总有做不完的事，总有那么多被迫而为、非做不可的事情，但不该总是在给自己做加法，而应该竭力多做减法。每天应该花十分钟审查当日的工作计划——清除芜杂，设定孤独，工作日程不要安排得太满，要留下一点自由活动的时间，好让我们真正静下心来。如此，才会有辽阔广袤的心灵，才会有丰富明朗的精神生活。

第二章

这十年，要刻画出自己独有的性格

不良性格是前进路上的绊脚石

有位美国记者采访晚年的投资银行一代宗师J.P摩根，问："决定你成功的条件是什么？"老摩根毫不掩饰地说："性格。"

记者又问："资本和资金何者更为重要？"

老摩根语重心长地答到："资本比资金重要，但最重要的是性格。"

以上对话内容透露了"性格即命运"。确实如此！性格决定习惯，习惯决定过程，过程决定结果，结果决定命运。一个人的性格很大程度上决定了发展的空间。而有些性格则会影响你的前程，对于正处于20~30岁的年轻人而言更是如此。

1. 不良性格阻碍前程

有性格缺陷的人在人生过程中会遇到种种障碍，如缺乏自信而导致沉不住气，或过于自信而走向偏执；如不善于总结总是犯同一错误，或轻易否定自己找不到自己的坐标系等等。

年轻人很容易因为不成熟的性格而犯错，甚至葬送自己的前程。看看下面的一些性格缺陷，重新认识自己，有则改之，无则加勉！

（1）自满。

自己的总是最好的，甚至认为自己应该成为别人效仿的标准。这种人不屑于与外界来往，他们根本不知道社会进步到什么程度，怎么可能有更高的追求呢？

（2）保守。

这种人的生活全凭过去的经验，没人走过的路他不敢走，没人做

过的事他不敢做。这种人也许早已经看到自己的现状不如别人，甚至差得很远，但他们不是去创造财富以迎头赶上，而总是想到马失前蹄。因此，新的东西没有得到，旧的东西反而丢失了。这种人永远不敢向新生活迈进一步半步，不贫困才怪呢！

（3）怯懦。

保守性格的人具有怯懦的因素，但这里所指的怯懦是另一种人。这种人主要的特点不是恋旧，而是胆小，总是怕这怕那。哪一种成功不冒风险呢？所以，这种人总是眼睁睁地看着别人比自己好，而自己急得在家里团团转，着急了就气急败坏。

（4）懒惰。

懒惰主要分为两种：一是身体懒惰，二是大脑懒惰。身体懒惰的人光想不干，大脑懒惰的人光干不想。身体懒惰的人每次想的都是不同的问题，说不准还会常常想出些新鲜的思想和念头，但什么都不干；大脑懒惰的人一辈子干的都是同样的工作，但从来不考虑去改变什么。这两种懒惰一般很少出现在一个人身上，因为身体和大脑同时懒惰，结局只有死亡。

（5）孤僻。

孤僻的人往往不善于与人打交道，因为难以应付各种复杂的人际关系而变得自卑和羞怯。这种性格的人往往容易固步自封，过多的消耗自身的内在能量。

（6）狂妄。

这种人在哪儿都不受欢迎，尽管他的口气很大，能力很强，但是一定会招来周围的人群起而攻之，以致丢盔弃甲，兵败乌江。最终一无所有，成为可笑的堂吉诃德，精神失常，一边吹牛，一边扮演着生活乞丐的悲惨角色。

（7）自以为是。

自以为是的人，一般都处理不好与周围人的关系。与人处不好关系，就不能形成长久的合作。与人合作不好，怎么能成大事？

（8）狭隘。

这里所指的狭隘主要是：一是心胸狭隘，二是视野狭隘，三是知识结构狭隘。狭隘的人一般都有严重的自恋情绪，这种性格的人，也是很难与人和社会相处的，并且最容易伤害人。这种人是天生的失败者，没有外援，只好又贫且困。

（9）自私。

不想奉献，只想占便宜，这种人最终不会获得成功和财富，而只能拥有自己——形影相吊，顾影自怜。

（10）骄傲。

有一点成绩就忘乎所以，这种人也许会成功，但很快又会全部丧失他获得的一切。这种人最容易犯错误，每个错误都是他失败的积累。这种人的心理最脆弱，既经不起成功的喜悦，又经不起失败的打击。所以，这种人的结局一般是与可怜和自卑相伴，消极混世。

（11）消极。

消极的人往往给人一种不慕名利的虚假印象，但其实在他的外表之下，是极度消极的心态。什么都不想，什么也不去做。即使有再强的能力，终生也将一事无成。更可怕的是他却自认为很聪明，什么都知道，什么也都能看透，因而看不起别人。他最容易老，他的晚景最凄凉，因为他有能力敏锐地感受贫困和失败。

（12）轻信。

容易轻信他人的人，往往能给人一种有品格有修养的错觉，其实轻信是他的人性弱点。比如轻信朋友，轻信下属，轻信合作对象，包括轻信自己的智慧；轻信知识，轻信实力，轻信权力，轻信判断，轻信机遇，轻信学历，轻信经验，甚至有人轻信神灵……要知道，做生意赚钱是一种个人目的非常明确的事，也是一种以利益为根本的事，同时又是冒风险的事。所以，轻信的性格最容易把利益拱手让给他人，或把成功交给失误。

（13）多疑。

轻信的另一面是过分的多疑。多疑的最大特点是把能够帮助自己的力量冷落在一边，从而形成孤军奋战的艰苦局面，以致使成功离自己越来越遥远。

（14）冲动。

冲动的人往往多情。一冲动起来就随便许诺，信口开河。但许诺不能兑现，会极大地损害自己的信誉。冲动还有一个缺点是轻易做决策，或突然决定干什么，或突然决定撤消什么计划。这种轻率的行为本身，很可能就是失败——根本不需要等到结局发生。

2. 克服不良性格需要经历漫长的过程

心理学告诉我们，性格是一种比较稳定的个性特质，它的稳定性决定了其转化只能是一个缓慢的过程。我们已经知道，性格是在环境、教育等各种内外因素长期作用下逐步发展起来的。一种在长时期内缓慢形成的东西，怎么能够在较短时间内一下子变过来呢？

克服一种不良性格，必须进行长期、不懈的努力，忽视性格的缓慢的渐变过程，想使不良性格在短时间内一下子来个转变，有时虽然从表面看也能奏效，但实际上这种转变很不稳固，转变快，反复也快。

比如一个怠惰的人，在他下决心克服自己的怠惰时，暂时地克服怠惰，在较短时间内变得勤快起来是比较容易做到的。但这种变化并不能说明他已真正克服怠惰的性格，因为怠惰的劣根性在他身上依然存在，只要一放松控制，它还会故态复萌。有的怠惰者在环境艰苦时，也能表现出很强的吃苦精神，但一到条件好起来时，就又变得怠惰起来。因此，我们不能把性格修养看成是经过一下努力就能立竿见影的事，不能因为不良性格暂时在行为上消失了，就认为改变性格的任务已经完成了。必须老老实实地把性格改变当作一个相当长的过程，进行持续的努力，求得性格逐步的、缓慢的，然而却是稳固的和扎扎实实的转变。

培养一种好的习惯或纠正不良习惯，不是一件容易的事。自我性格的培养和完善需要相当长的一个过程，可以试着通过下面的途径来不断完善自己。

（1）通过交友来培养自己的性格。

通过与朋友之间的交往，我们可以从他们身上学到好的性格特征。此外，在与朋友交往的过程中，通过比较，你可以发现自己性格中的缺点，这样你就可以有针对性地完善自己的性格。

（2）通过读好书、看好的电视节目和电影来培养自己的性格。

一部好书可以影响人的性格形成，乃至影响一个人的一生。所以我们在空闲的时候要多读一些好书。

（3）在工作中培养良好的性格品质。

培养认真负责的性格品质。每个公司都喜欢认真负责的员工。培养主动进取的性格，面对竞争压力，你只有开拓进取。培养团结合作的性格，你是一颗小螺丝钉，只有大家一起努力，工作才能顺利进行。培养处事灵活的性格，交往的最高境界是掌握好分寸，尊重别人也尊重自己。

（4）在体育锻炼中培养性格。

体育锻炼对人的性格培养有重要作用，并不是所有的人都了解。有关专家的研究表明，一些项目的体育锻炼可以培养良好的性格品质。这些性格特征包括：决心、进取心、自信心、坚韧性、责任感、勇敢、果断性、主动性、独立性和自制力等。

（5）在业余爱好中培养自己的性格。

健康的爱好既可以使我们从中获得巨大的乐趣，也可以使我们的性格得到陶冶。比如，旅游可以使我们欣赏一些名山大川，培养我们对大自然和世界的热爱；书法可以培养我们诚实勤奋、一丝不苟的性格特征；集邮和钓鱼等爱好可以培养我们认真、仔细和耐心的性格特征；下棋、打牌可以培养我们思维的灵活性，等等。

有意培养自己的抗挫能力

20多岁正是人生中最困惑最让人烦恼的时期，困惑大多来源于理想与现实之间的矛盾。因为刚从学校毕业，从单纯无忧的学校步入复杂的社会，很多事情都不是自己想象的那样顺利，总是让人无助又无奈。我们第一次真正意识到自己已经成年，因为离开了学校和父母，很多事情需要我们自己去掌握，去决定，去争取。

人生在世，不可能万事如意，心想事成，倒是不如意事常有八九，困难挫折常常与我们不期而遇。如果人们没有精神准备，就会被搞得晕头转向，意志消沉，甚至悲观绝望。

挫折是不以人的意志为转移的客观现实，不是人们喜欢不喜欢、愿意不愿意的问题。任何事物都有两重性，挫折固然会使人受到打击，给人带来损失和痛苦，但也可能会给人激励，让人警觉、奋起、成熟，把人锻炼得更加坚强。

曾经听过一个这样的故事：有一个人将一条鱼放在一个特殊的鱼缸里，鱼缸的中间用一块透明的玻璃把鱼缸隔成两半，一半放着鲜嫩的水草，另一半则放着这条鱼。鱼儿饿的时候，就游过去想吃水草，结果被中间的玻璃撞了回来。鱼儿开始并不罢休，接着又朝水草游过去，当然每次是被撞得"鼻青脸肿"，却仍然没有吃到那些美味的水草。如此折腾了一周左右，鱼儿累得不想动了，饿了也只是望望那诱人的水草，却再也没有采取过行动。

又过了一段时间，这个人把隔在鱼缸中间的玻璃取了下来，结果是什么呢？这条鱼每天都可以在这些鲜美的水草中间游来游去，却从来也不张开嘴去吃这些水草，它已经认定了这些水草是吃不到嘴的，

所以最后这条鱼就饿死在这些鲜美的水草中间。

其实我们每一个人都像这条鱼一样，不到社会上做事则已，如果到社会上做事，就不可避免地会遭受挫折，遭遇失败。但是人是不可能脱离社会、脱离人群而生存的，所以我们可能会因遭遇到严重的挫折而沮丧消沉；可能因劳而无获，因希望破灭而心情沉重；也可能因屡次失败而从此一蹶不振，对自己失去信心，开始怀疑自己的能力，怀疑周围的一切是不是真的，当机会真正来临时，也会视若无睹，正如这条鱼一样，最终宁愿饿死，也不敢去试一试，去拼一拼。

挫折常伴随着我们左右，往往是做大事遇大挫折，做小事遇小挫折。本来如果做事能始终得心应手一帆风顺，那就是成功。做大事的大成功，做小事的小成功，不做事的人不成功。但是如果希望全世界无论智愚贤肖，都是成功的人，那么也是一种幻想，绝不会成为事实，而且事情无论大小，做起来都没什么不顺的话，那就分不出谁是智，谁是愚，谁是贤，谁不肖了。而一帆风顺在贤者智者看来，反而觉得波平如镜毫无刺激，生活的意味也太平淡了。

有一位20多岁的小青年爬上一座大厦跳楼自杀了，这位青年有工作，单位也不错，收入也可以，没有什么邪教信仰，最后听说是由于失恋，心理承受不了失去爱人之痛而走上自决之路。

许多人在挫折面前都曾想过退缩，但他们最后都战胜了自己，最后走上了成功之路。20多岁，还很年轻，如果不放弃，他完全能脱离这些困窘的局面重新打造自己的人生。那么，他缺少的是什么呢？是抵抗挫折的能力，是面对生活的勇气。这是一个心理素质的问题。

有本领的人，多半希望生活能有曲折，多变化，才觉得够刺激而时时有所收获。所以做事的曲曲折折，是给你的一点刺激，正可提高你的注意力，考验你的能力，训练你的品性。

从表面看，挫折是你的失败，然而再做进一步探讨的话，挫折对你是有益而无损的，在很多情况下说教是无用的，而必须经过实际的挫折才能成功。

有些人在遭遇挫折后，总是不先自己设法应付，却先想到可以求救，朋友有力，就向朋友求救，教别人来冲锋，自己坐享其成。这样虽然遭到挫折，却和未遭到挫折一样，他的生活还是安适顺当的，不必苦其心志，不必劳其筋骨，也不必饿其体肤、横于虑、困于心。因此他的生活经验一点也不会丰富，即使成功，这成功也好像芝草短根，豆泉短源，一点也不稳固。

有些人遭到挫折时，并没有后援可以求救，逼得他不得不自己去应付，然而一面应付，一面却感到棘手，于是就发牢骚，以为"我生不辰，逢此鞠凶"，以为人为其易，我为其难，于是奋斗精神就打了很大的折扣，如此一来，小挫折还能勉强应付，大挫折就一定应付不了了。他的牢骚，绝不是对挫折而发，而是对人而发，以为一切亲戚朋友，都是见义不为，都是坐观成败，却不知道自己的奋斗程度，达不到引起亲戚朋友同情的程度呢！

有些人在遭遇挫折时，把自己的能力估计得太低，把挫折估计得太高，因此心慌意乱，不敢与之奋斗，立即竖起了白旗，自愿投降，认为前面的路既然走不通，倒不如向后退去，以保全实力，与其前进而玉碎，不如退后求瓦全。于是他的人生，只有采用"混"字诀，混到哪里算哪里，抱着混的人生态度，还有什么成功可言？只好做人的附庸，受人支配，受人指挥，做些无关紧要的工作，希望工作越简单越好，责任越轻越好。见了困难，便往别人身上推，或急急躲到后面去，免得遭遇挫折，他自以为这是所谓的不吃眼前亏呢！

有些人遭遇挫折，便发脾气，不想想应付的办法，只是一味顶撞、好勇斗狠，不计得失、不问成败，什么曲线战术，什么迂回战术，什么侧击包围，什么把握要紧，他概不注意，只知固执不化，只知蛮干到底，结果是小事变大事，大事变成不可收拾的局面。

有些人遭遇挫折时，一面应付，一面忍耐，但并不是想立即解决困难，而在维持现状，认为只需控制时间，深信挫折是会随时间的变化而变化，等变化到有利于他的时候，挫折自会化为乌有。这种长期应付办法，在绝对劣势的局面下，的确是很好的战略，但是在均势局面下，便不需要这个旷日持久的办法了。而且一味地拖，不把发展的趋势控制在手里，单单控制时间，会贻患无穷、铸成大错呢！

那么我们该如何面对失败和挫折呢？其实失败并不可怕，关键是我们在失败之后应该怎样做。

1. 人生最大的敌人是自己

在人生的道路上，我们不仅会受到外界的压力，而且还时时受到自身的挑战，所以我们在遭受失败和挫折时，首先要在心理上战胜自己，直面自己，认真地分析失败的原因。而不要牢骚满腹，怨天尤人；也不要把自己的能力估计得太低，自哀自怜。我们要自信地从挫折和失败中站起来。除非你自己放弃，否则你永远也不会被打垮！你若在失败和挫折面前低头认输，那么你就真正的失败了，就算是有再多的机会，你也不敢去尝试，宁愿放弃一次次唾手可得的机会。久而久之，你就会像那条鱼一样，饿死在水草中间。

2. 成功是来自失败中学习的结果

只有从失败和挫折中学得经验，吸取教训，才不会重蹈覆辙。每一个奋发向上的人在成功之前都曾经历过无数次的失败。把错误和失败当作学习的机会，也许会再次遭遇失败和挫折，屡次三番才能如愿以偿地达到目的。然而每一次学习，我们都能够增加一份收获，积累一份经验，并向目标更迈进一步。因为只要能从失败中吸取经验，都会是成长。挫折只是一时，成长却是永远的。

3. 我们不要将自己的期望值定得太高

超越别人并不重要，超越自己的成就才是最重要的。所以不断地给自己定一个合理的目标，时时以自己为对手，战胜自己，今天的我

要超越昨天的成就，明天我又为自己定一个更高的目标，并时时为自己设想一些危机或挫折情形，就算再次遭受失败，我们也不会束手无策，手忙脚乱。如此才能使自己永远立于不败之地。

挫折既能折磨人，也能考验人、教育人，使人学到许多终生受益的东西。德国诗人歌德说：**"斗争是掌握本领的学校，挫折是通往真理的桥梁。"** 挫折最怕坚韧的意志，而坚韧的意志正是我们铸造辉煌生命的熔炉。在挫折面前，人们惟一的出路是奋起拼搏。只要我们奋起拼搏，百折不挠，挫折就会变成前进的垫脚石，被牢牢地踩在脚下。鲍狄埃说得好："力量不在别处，就在我们自己身上。"挫折面前没有救世主，只有自己才是命运的主人。只要我们把命运牢牢地掌握在自己手中，就会历经挫折而更加成熟和坚强，从而更有信心获得胜利和成功。

每个人的一生都是自己的，走怎样的路都是由自己决定，从没有什么圣人、高人帮你。太依赖别人，会消磨你的斗志，是阻止你步向成功的一个绊脚石，要想成大事你必须把他们一个个踢开。每一个人的一生都是自己的，走怎样的路都是由自己决定。除自己之外，世上根本就没有什么圣人。**自己才是最可以依靠的圣人。**

掌控自己的情绪，避免迷糊事

"情绪"就像人的影子一样每天与人相随，我们在日常的工作、学习和生活中时时刻刻都体验到它的存在给我们的心理和生理上带来的变化。也许，从自己的经验出发，我们每个人对情绪都有一些自己的看法，但是，情绪实际上比我们想象的要复杂得多。如果我们在某种程度上能够了解情绪对人产生的影响，并对情绪产生和发展的基本规律有一定的认识，将不仅有利于我们的身心健康，而且对我们的学

习和工作都十分有利。

关于情绪，我们可以有很多具体的词语来描绘，例如将情绪描绘成愉快的或不愉快的，高兴的和不高兴的，满意的和不满意的，温和的和强烈的，短暂的和持久的等等。由于这些分类的依据较多，所以讲解的时候十分不方便。为了陈述的方便，我们可以将情绪简单地分为消极的情绪和积极的情绪。人的情绪总是从兴奋到抑制，从抑制再到兴奋，往复循环。

卢梭说："青年期是一个狂风暴雨的危险时期。"此时青年的情绪特点是情绪、情感强烈，有明显的两极性。或是激动、振奋，显得十分热情；或是动怒，感到泄气，变得消沉起来。另外，此时青年的情绪明显不稳定，有波动性的特点。他们容易从一个极端走向另一个极端。当遇到顺利的情境时，就显得格外兴致勃勃，充满各种幻想，在生活学习、工作中力量倍增；但是当他们遇到挫折时，对信念就产生动摇，出现沮丧、灰心的情绪。年轻人这种情绪多变不稳定是与青年期生理和心理特点有关的，也与年轻人的经验不足有关。

应届毕业生琳琳今年 24 岁，拥有经济学硕士文凭从来没想到找工作会这么难。本希望能够进入大的银行或证券投资公司获得高工资，现在却找不到一家愿意接纳她的企业，更别提薪酬的多少了。

因为看中金融业的发展，当初父母帮琳琳选择了这个专业，而且为了找工作更容易，琳琳还攻读了硕士。让她始料不及的是，经济危机的降临使设计好的坦途变得荆棘丛生。近两个月，琳琳奔走于本市及其他省市各大招聘会，和其他年轻人一起，排几个小时的队去应聘。可进入招聘会场才发现，偌大的会场有三分之二的招聘席是空的，他们找不到相关的单位投递简历。一次次的失败，使琳琳变得自卑、不爱出门，且脾气暴躁。在谈及未来打算时，琳琳很绝望：没有工作，今后怎么养活自己？怎么找男朋友？即使找到男朋友，将来又上哪攒钱来结婚买房呢？她整天沉浸在这样的思路中，越想越恐惧。对于琳

琳来说，没有工作的现状就是个黑洞，透过黑洞丝毫看不到未来。

美国密歇根大学心理学家南迪·内森的一项研究发现，一般人的一生平均有十分之三的时间处于情绪不佳的状态，因此，人们常常需要与那些消极的情绪作斗争。

情绪变化往往会在我们的一些神经生理活动中表现出来。比如：当你听到自己失去了一次本该到手的晋升机会时，你的大脑神经就会立刻刺激身体产生大量起兴奋作用的"正肾上腺素"，其结果是使你怒气冲冲，坐卧不安，随时准备找人评评理，或者"讨个说法"。

当然，这并不意味着你应该压抑所有这些情绪反应。事实上，情绪有两种：消极的和积极的。我们的生活离不开情绪，它是我们对外面世界正常的心理反应，我们所必须做的只是不能让我们成为情绪的奴隶，不能让那些消极的心境左右我们的生活。

消极情绪对我们的健康十分有害，科学家们已经发现，经常发怒和充满敌意的人很可能患有心脏病，哈佛大学曾调查了1 600名心脏病患者，发现他们中经常焦虑、抑郁和脾气暴躁者比普通人高三倍。

因此，可以毫不夸张地说，学会控制你的情绪是你生活中一件生死攸关的大事。

一个人的情绪不可能一直处于低潮，也不可能一直高涨。从心理学家的研究中，我们可以发现，一般人的情绪变化呈现周期性的规律。在很多心理学家的报告中，我们都能看到情绪周期的描述，有的人说是28天，有的人得到的结论是5个星期。不管怎样，我们可以大致得到这样的一个概念：人类，作为有自然性的动物，存在着情绪上的周期变化。因此，你可以通过有意识的记录的方式来确定自己的情绪变化，由此可以提前预测自己的情绪变化，避免因为情绪的变化而影响你的学习和生活。

通常在面对顺境时，我们都融洽欢乐，这时的情绪问题不大，因为分享快乐终究是好事。**所以，一个人控制情绪能力的高低不是体现**

在对快乐的控制上，而是体现在当他面对逆境时，他怎么处理。

发怒是最要不得的一种情绪，怒火冲天，伤了你伤了他但却于事无益，这就是很可怜的事情了。每个人都有怒的时候，但怒也要讲究方法，有些人不怒而威，而有些人发火发到拍桌子发到恨不得马上冲上去干他一架，这个时候，不懂得控制，那就不是量变的问题了，事情可能就变得无法控制了。很多悲剧往往都是在怒火旺盛的时刻产生的。所以，要发怒了，要单独一个人去发，或者想想人生苦短发怒解决不了问题，让怒火慢慢消下去。否则当着别人怒发冲冠时，伤的可就不是你的肝了，可能就会伤害到你的人生了。

由此可见，消极的情绪可以给人带来较大的伤害。不过，我们可以通过情绪控制训练的方法来尽可能地控制消极情绪或将消极情绪尽快转化为积极情绪。

记住，人生不顺心的事十有八九，我们应该学会忘怀。好心情常在，坏心情也不时光顾，特别是有某个症结老解不开时，烦恼常常会来骚扰你。怎么办？想几招对付它，必有益处：

1. "找人倾诉法"

这是最管用、最有效的办法。也许你会认为你的烦恼有天大，任何人都不能使你解脱，那就错了。找个人说一说，天大的烦恼会像漏气的球一样慢慢萎缩。萎缩的快与慢与诉说的对象有关。如果这个人是知心朋友，而且还能替你出些主意，想些办法，或者劝慰一番，那会很快气消云散。如果对方只是倾听，没有什么办法，那也不错，你会得到慰藉，心情慢慢好起来。最怕那种火上浇油者，这样的人，有烦恼的时候尽量还是少找他为妙。

2. "时间消解法"

没有合适的人倾诉，不妨相信时间的力量，它总会让一切喜悦和烦恼随风而逝。有些年轻人因为失恋要死要活，觉得天都要塌下来了，任谁劝都不行。可随着时间的推移，创伤慢慢恢复，生活重又变

得可爱起来。并有一悟，找一个自己爱的人不如找一个爱自己的人。其实很多时候就是这样，当时觉得了不得的事情，过后一想就成了"小菜一碟"，时间会让烦恼一点点地磨损掉，直至让你觉得好笑。

3. "美食填充法"

心情不好的时候，倒可能是胃口大开的时候，什么减肥，什么瘦身，都统统抛到九霄云外去了。先点一桌好吃的饭菜，左一口、右一口、东一勺、西一筷，直到吃得满嘴流油，肚满腰圆，那点烦恼也在饱嗝声中烟消云散了。虽然过后要为这场饭菜付出几顿饥肠辘辘的代价，但想想心中的气消了，这也值得。

4. "购物发泄法"

这一招比较适合女士，平时想花钱买东西没有理由，心情不好正可以借这个引子到商场里"秋风扫落叶"。以前舍不得现在大方得很，以前不敢买现在无所顾忌，反正是心情不好，管它三七二十一，先买了再说。不过事后是否会为此而饿肚子一个月，这个问题还得掂量一下。

5. "借酒浇愁法"

这是男士们常用之道，常言道，借酒浇愁愁更愁，可是有时也能暂时起到麻醉的作用，再随着时间的消逝，自然就能够改变一下心情。小酌一杯，再倾诉一番，让坏心情在酒精中化解。只是不要喝太多，伤害身体那就麻烦大了，如果再借着酒劲，折腾胡闹一番，那可真是愁更愁了。

6. "运动驱散法"

心情不好的时候，不妨到公园里，庭院中，或者小区里跑跑步，走动走动。外面的高天流云，还有绿树青草红花，都会伸出魔法之手，让你从坏心情中慢慢走出来。想不通的事情也许能豁然开朗，看不透的事情也许能曲径通幽，心胸也会变得豁达豪放起来。再说，运动还能强身健体，可谓是一举两得。

7."兴趣转移法"

坏心情大举进攻的时候，千万不可一棵树上吊死，找点自己感兴趣的事情做做吧。喜欢写文字的人尽可以挥洒笔墨，说不定此时灵感正在奔涌，你会有篇高质量的作品问世呢！喜音乐的人可以陶醉在各种经典的和非经典的音乐中，享受一下人生。要不怎么说呢，人有点爱好很重要，关键时刻就有可能派上用场。

情绪的控制需要我们有意识地去培养，古来就有修身养性的说法，很多时候看看别人怎么做的，你会发现可以借鉴很多。**记住：只有控制好了我们的情绪，我们才有可能去控制好我们的人生。**

有些效应，你不得不知道

20～30 岁的年轻人容易犯错，而且经常在同一个错误上跌倒。学习十大著名心理学定论，有助于我们更好地参悟人生。

1. 罗森塔尔效应

美国心理学家罗森塔尔等人于 1968 年做过一个著名实验。他们到一所小学，在一至六年级各选三个班的儿童进行所谓的"预测未来发展的测验"，然后实验者将认为有"优异发展可能"的学生名单通知教师。其实，这个名单并不是根据测验结果确定的，而是随机抽取的。它是以"权威性的谎言"暗示教师，从而调动了教师对名单上的学生的某种期待心理。8 个月后，再次智能测验的结果发现，名单上的学生的成绩普遍提高，教师也给了他们良好的品行评语。这个实验取得了奇迹般的效果，人们把这种通过教师对学生心理的潜移默化的影响，从而使学生取得教师所期望的进步的现象，称为"罗森塔尔效应"，习惯上也称为皮格马利翁效应（皮格马利翁是古希腊神话中塞

浦路斯国王，他对一尊少女塑像产生爱慕之情，他的热望最终使这尊雕像变为一个真人，俩人相爱结合）。

如果教师喜爱某些学生，对他们会抱有较高期望，经过一段时间，学生感受到教师的关怀、爱护和鼓励；常常以积极的态度对待老师、对待学习以及对待自己的行为，学生更加自尊、自信、自爱、自强，诱发出一种积极向上的激情，这些学生常常会取得老师所期望的进步。相反，那些受到老师忽视、歧视的学生，久而久之会从教师的言谈、举止、表情中感受到教师的"偏心"，也会以消极的态度对待老师、对待自己的学习，不理会或拒绝听从老师的要求；这些学生常常会一天天变坏，最后沦为社会的不良分子。尽管有些例外，但大趋势却是如此，同时这也给教师敲响了警钟。

2. 习得性无助实验

习得性无助效应最早由奥弗米尔和西里格曼发现，后来在动物和人类研究中被广泛探讨。简单地说，很多实验表明，经过训练，狗可以越过屏障或从事其他的行为来逃避实验者施加于它的电击。但是，如果狗以前受到不可预期（不知道什么时候到来）且不可控制的电击（如电击的中断与否不依赖于狗的行为），当狗后来有机会逃离电击时，他们也变得无力逃离。而且，狗还表现出其他方面的缺陷，如感到沮丧和压抑，主动性降低等等。

狗之所以表现出这种状况，是由于在实验的早期学到了一种无助感。也就是说，它们认识到自己无论做什么都不能控制电击的终止。在每次实验中，电击终止都是在实验者掌控之下的，而狗一旦认识到自己没有能力改变这种外界的控制，从而产生了一种无助感。

人如果产生了习得性无助，也会陷入一种深深的绝望和悲哀之中。因此，我们在学习和生活中应把自己的眼光再开阔一点，看到事件背后的真正的决定因素，不要使自己陷入绝望。

3. 晕轮效应

所谓晕轮效应，就是在人际交往中，人身上表现出的某一方面的

特征，掩盖了其他特征，从而造成人际认知的障碍。在日常生活中，"晕轮效应"往往在悄悄地影响着我们对别人的认知和评价。比如有的老年人对青年人的个别缺点，或衣着打扮、生活习惯看不顺眼，就认为他们一定没出息；有的青年人由于倾慕朋友的某一可爱之处，就会把他看得处处可爱，真所谓"一俊遮百丑"。

晕轮效应是一种以偏概全的主观心理臆测，其错误在于：第一，它容易抓住事物的个别特征，习惯以个别推及一般，就像盲人摸象一样，以点代面；第二，它把并无内在联系的一些个性或外貌特征联系在一起，断言有这种特征必然会有另一种特征；第三，它说好就全都肯定，说坏就全部否定，这是一种受主观偏见支配的绝对化倾向。总之，晕轮效应是人际交往中对人的心理影响很大的认知障碍，我们在交往中要尽量地避免和克服晕轮效应的副作用。

4. 帕金森定律

英国著名历史学家诺斯古德·帕金森通过长期调查研究，写出一本名叫《帕金森定律》的书。他在书中阐述了机构人员膨胀的原因及后果：一个不称职的官员，可能有三条出路，第一是申请退职，把位子让给能干的人；第二是让一位能干的人来协助自己工作；第三是任用两个水平比自己更低的人当助手。这第一条路是万万走不得的，因为那样会丧失许多权利；第二条路也不能走，因为那个能干的人会成为自己的对手；看来只有第三条路最适宜。于是，两个平庸的助手分担了他的工作，他自己则高高在上发号施令，他们不会对自己的权利构成威胁。两个助手既然无能，他们就上行下效，再为自己找两个更加无能的助手。如此类推，就形成了一个机构臃肿，人浮于事，相互扯皮，效率低下的领导体系。

5. 责任分散效应

1964年3月13日夜3时20分，在美国纽约郊外某公寓前，一位叫朱诺比白的年轻女子在结束酒巴间工作回家的路上遇刺。当她绝望

地喊叫："有人要杀人啦！救命！救命！"听到喊叫声，附近住户亮起了灯，打开了窗户，凶手吓跑了。当一切恢复平静后，凶手又返回作案。当她又叫喊时，附近的住户又打开了电灯，凶手又逃跑了。当她认为已经无事，回到自己家上楼时，凶手又一次出现在她面前，将她杀死在楼梯上。在这个过程中，尽管她大声呼救，她的邻居中至少有38位到窗前观看，但无一人来救她，甚至无一人打电话报警。这件事引起纽约社会的轰动，也引起了社会心理学工作者的重视和思考。人们把这种众多的旁观者见死不救的现象称为责任分散效应。

对于责任分散效应形成的原因，心理学家进行了大量的实验和调查，结果发现：这种现象不能仅仅说是众人的冷酷无情，或道德日益沦丧的表现。因为在不同的场合，人们的援助行为确实是不同的。当一个人遇到紧急情境时，如果只有一个人能提供帮助时，他会清醒地意识到自己的责任，对受难者给予帮助。如果他见死不救会产生罪恶感、内疚感，这需要付出很高的心理代价。而如果有许多人在场的话，帮助求助者的责任就由大家来分担，造成责任分散，每个人分担的责任很少，旁观者甚至可能连他自己的那一份责任也意识不到，从而产生一种"我不去救，由别人去救"的心理，造成"集体冷漠"的局面。如何打破这种局面，这是心理学家正在研究的一个重要课题。

6. 霍桑效应

心理学上的一种实验者效应。20世纪20~30年代，美国研究人员在芝加哥西方电力公司霍桑工厂进行的工作条件、社会因素和生产效益关系实验中发现了实验者效应，称霍桑效应。

实验的第一阶段是从1924年11月开始的工作条件和生产效益的关系实验，设为实验组和控制组。结果不管增加或控制照明度，实验组产量都上升，而且照明度不变的控制组产量也增加。另外，又试验了工资报酬、工间休息时间、每日工作长度和每周工作天数等因素，也看不出这些工作条件对生产效益有何直接影响。第二阶段的试验是

由美国哈佛大学教授梅奥领导的，着重研究社会因素与生产效率的关系，结果发现生产效率的提高主要是由于被实验者在精神方面发生了巨大的变化。参加试验的工人被置于专门的实验室并由研究人员领导，其社会状况发生了变化，受到各方面的关注，从而形成了参与试验的感觉，觉得自己是公司中重要的一部分，从而使工人从社会角度方面被激励，促进产量上升。

这个效应告诉我们，当自己受到公众的关注或注视时，学习和交往的效率就会大大增加。因此，我们在日常生活中要学会与他人友好相处，明白什么样的行为才是社会和公众所接受和赞赏的，我们只有在生活和学习中不断地增加自己的良好行为，才可能受到更多人的关注和赞赏，也才可能让我们的学习不断进步，充满自信！

7. 破窗效应

心理学的研究上有个现象叫做"破窗效应"，就是说，一个房子如果窗户破了，没有人去修补，隔不久，其它的窗户也会被人打破；一面墙，如果出现一些涂鸦没有及时清洗掉，很快的，墙上就会布满了乱七八糟、不堪入目的东西。一个很干净的地方，人会不好意思丢垃圾，但是一旦地上有垃圾出现之后，人就会毫不犹疑地丢垃圾，丝毫不觉羞愧。这真是很奇怪的现象。

心理学家研究的就是这个"引爆点"，地上究竟要有多脏，人们才会觉得反正这么脏，再脏一点无所谓，情况究竟要坏到什么程度，人们才会自暴自弃，让它烂到底。任何坏事，如果在开始时没有阻拦，形成风气，改也改不掉，就好像河堤，一个小缺口没有及时修补，可以崩坝，造成千百万倍的损失。

8. 证人的记忆

证人，在我们的认识里，通常都是提供一些客观的证据的人，就是把自己亲眼看到、亲耳听到的东西如实地讲出来的人。然而，心理学研究证明，很多证人提供的证词都不太准确，或者说是具有个人倾

向性，带着个人的观点和意识。

证人对他们的证词的信心并不能决定他们证词的准确性，这一研究结果令人感到惊讶。心理学家珀费可特和豪林斯决定对这一结论进行更深入的研究。为了考察证人的证词是否有特别的东西，他们将证人的记忆与对一般知识的记忆进行了比较。

他们让被试者看一个简短的录象，是关于一个女孩被绑架的案件。第二天，让被试者回答一些有关录像里内容的问题，并要求他们说出对自己回答的信心程度，然后做再认记忆测验。接下来，使用同样的方法，内容是从百科全书和通俗读物中选出的一般知识问题。和以前发生的一样，珀费可特和豪林斯也发现，在证人回忆的精确性上，那些对自己的回答信心十足的人实际上并不比那些没信心的人更高明，但对于一般知识来说，情况就不是这样，信心高的人回忆成绩比信心不足的人好得多。

人们对于自己在一般知识上的优势与弱势有自知之明。因此，倾向于修改他们对于信心量表的测验结果。一般知识是一个数据库，在个体之间是共享的，它有公认的正确答案，被试者可以自己去衡量。例如，人们会知道自己在体育问题上是否比别人更好或更差一点。但是，目击的事件不受这种自知之明的影响。例如，从总体上讲，他们不大可能知道自己比别人在记忆事件中的参与者头发颜色方面更好或更差。

9. 鸟笼逻辑

挂一个漂亮的鸟笼在房间里最显眼的地方，过不了几天，主人一定会做出下面两个选择之一：把鸟笼扔掉，或者买一只鸟回来放在鸟笼里。这就是鸟笼逻辑。过程很简单，设想你是这房间的主人，只要有人走进房间，看到鸟笼，就会忍不住问你："鸟呢？是不是死了？"当你回答："我从来都没有养过鸟。"人们会问："那么，你要一个鸟笼干什么？"最后你不得不在两个选择中二选一，因为这比无休止的

解释要容易得多。鸟笼逻辑的原因很简单：人们绝大部分的时候是采取惯性思维。由此可见在生活和工作中培养逻辑思维是多么重要。

10. 虚假同感偏差

我们通常都会相信，我们的爱好与大多数人是一样的。如果你喜欢玩电脑游戏，那么就有可能高估喜欢电脑游戏的人数。你也通常会高估给自己喜欢的同学投票的人数，高估自己在群体中的威信与领导能力等等。你的这种高估与你的行为及态度有相同特点的人数的倾向性就叫做"虚假同感偏差"。有些因素会影响你的这种虚假同感偏差强度：

（1）当外部的归因强于内部归因时；

（2）当前的行为或事件对某人非常重要时；

（3）当你对自己的观点非常确定或坚信时；

（4）当你的地位或正常生活和学习受到某种威胁时；

（5）当涉及到某种积极的品质或个性时；

（6）当你将其他人看成与自己相似时。

每一次生气是有所助益还是于事无补

一个人生气的程度是衡量他气度和风度的指标，可以生气，但是不要迁怒，可以生气，但是不要长久地生气，不要长久地浸淫在那样坏的情绪里。一个浅薄的人常常是生气时候口不择言的人，完全失去理智的人，也是一个动不动就生气的人，如此，生气这种力量将越来越失去分量，让生气成为家常便饭，就是不善于运用这种力量。

愤怒是人的基本情绪。对任何一个生命来说，一生中都注定要和愤怒相遇，所不同的只是发怒时间的长短和内容的差异。有意思的是，愤怒的产生往往不取决于发生了什么，而取决于你如何看待发生

的事情。愤怒有时甚至没有一个像样的理由，常常因为别人的无心之过就大发脾气，那是由于愤怒的人总认为"我被伤害了"。而当一个人情绪激愤、双眼冒火的时候，哪怕别人的一个微笑都会成为冲突的导火索。

可见，学会控制自己的情绪是如何的重要。下面一些方法有助于减少年轻人的"血气方刚"：

1. 提高自身的修养

培养宽广的胸怀，良好的心态，正确的思维方法和提高理性控制的能力。对人要宽容大度，将心比心，不斤斤计较。当遇不平之事时，也应该心平气和，冷静地、不抱成见地让对方明白他的言行所错之处，而不应该迅速地做出不恰当的回击，从而剥夺对方承认错误的机会。

2. 有意识地控制自我

当愤愤不已的情绪即将爆发时，要用意识控制自己，提醒自己应当保持理性，还可进行自我暗示："别发火，发火会伤身体"，有涵养的人一般能做到自我控制。

刘芳是一家公司的中层领导，最近公司把一项开发软件的任务交给了她的部门，刘芳对此非常重视。自此，她发现自己开始变得易怒，别人一句无心的话都可能让她大发雷霆。近来，她常听到下属抱怨自己太爱动"肝火"，这让她很苦恼。

3. 试着情境转移

火儿上来的时候，对那些看不惯的人和事往往越看越气，越看越火，此时不妨来个"三十六计走为上策"，迅速离开使你发怒的场合，最好再能和谈得来的朋友一起听听音乐、散散步，你会渐渐地平静下来。

古时候，西藏有一个叫爱地巴的人，他一生气就跑回家去，然后绕着自己的房子和土地跑三圈。后来，他的房子越来越大，土地也越来越广，而一生气，他仍要绕着房子、土地跑三圈，哪怕累得气喘吁吁，汗流浃背。当爱地巴很老了，走路已经要挂拐杖了，他生气时还要坚持绕着土地和房子转三圈。

一次，他生气，挂着拐杖走到太阳已经下山了还要坚持，他的孙子怕他有闪失就跟着他。孙子问："阿公！您生气就绕着房子和土地跑，这里面有什么秘密？"

爱地巴对孙子说："年轻时，我一和人吵架、争论、生气，我就绕着自己的房子和土地跑三圈，我边跑边想——自己的房子还这么小，土地这么少，哪有时间和精力去跟人生气呢？一想到这里，我气就消了。气消了，我就有更多的时间和精力来工作、学习了。"

孙子又问："阿公！您老了，成了富人，为什么还要绕着房子和土地跑呢？"

爱地巴笑着说："老了生气时我绕着房子和土地跑三圈，边跑我就边想：'我房子这么大，土地这么多，又何必和人计较呢？一想到这里，我的气就消了。"

4. 敢于承认自我

勇于承认自己爱发脾气，以求得他人帮助。如果周围人经常提醒、监督你，那么你的目标一定会达到。下面是一些易怒者的典型特征，检查下自己，看你拥有几点：

（1）一发火就骂人、砸东西，甚至打人。

（2）情绪反应十分简单，缺乏幽默感，不会开玩笑，对于满意的事沉默不语，对不满意的事常会通过吵架、发脾气等方式解决。

（3）面对生活中的挫折，心理防御的方式只有一种，就是发泄。

（4）对很小的事也沉不住气。

（5）火爆脾气一点就着，什么事都干得出来，当时不能自控，事后又特别后悔。

（6）听不进任何人的劝说，尤其在情绪激动的时候。

5. 饮食调节做辅助

要少吃肉，多吃粗粮、蔬菜和水果。因为肉类使脑中色氨酸减少，大量肉食，会使人越来越烦躁。而保持清淡饮食，心情会比较温和。此外，气温超过35℃时，出汗多致使血液黏稠度升高，也会引起人烦躁不安的情绪，多喝水可以起到让血液稀释的作用，让心情平和下来。

6. 医疗保健

美国的一项研究显示，如果脾气暴躁经常达到无法自控的程度，这些人有可能患上了名为"间歇性暴怒症"的心理疾病。通过抗抑郁药加上行为治疗，可有效治疗。

7. 现在开始

现实生活中，一些人常常说："我过去经常发火，自从得了心脏病我才认识到，任何事情都不值得大动肝火。"请不要等到患上心脏病才想到不发火，要想克服爱发脾气的坏习惯，从现在开始。

8. 理智控制法

当你在动怒时，最好让理智先行一步，你可以自我暗示，口中默念："别生气，这不值得发火"、"发火是愚蠢的，解决不了任何问题。"也可以在自己即将发火的一刻给自己下命令：不要发火！坚持一分钟！一分钟坚持住了，好样的，再坚持一分钟！二分钟坚持住了，我开始能控制自己了，不妨再坚持一分钟。三分钟都坚持过去了，为什么不再坚持下去呢？要用你的理智战胜情感。

9. 推迟作评价

怒气来自对"刺激"的评价，也许是别人的一个眼神，也许是别

人的一句讥讽，甚至可能是对别人的一个误解。这事在当时使你"怒不可遏"，可是如果过一个小时、一个星期甚至一个月之后再评论，你或许认为当时对之发怒"不值得"。

10. 将怒气升华

怒气是一种强大的心理能量，用之不当，伤人害己，使之升华，会变为成就事业的强大动力。要培养远大的生活目标，改变以眼前区区小事计较得失的习惯，更多地从大局、从长远去考虑一切，一个人只有确立了远大的人生理想，才能待人以宽容，有较大度量，不会容忍自己的精力被微不足道的小事绊住，而妨碍对理想事业的追求。

11. 学会"自我对话"

其实愤怒并非超乎我们的掌控，即便有时候你已经觉得自己快控制不住了，它仍然可以被你掌控。最重要的是，你必须要学习如何把自己从生气的状态中抽离，学会"自我对话"，气愤的情绪会变得容易掌控。面对艰难的状况时，可以说些气愤的话来为自己的怒气火上浇油，也可以选择说些和缓的话来降低甚至消除它。通过这样的自我对话，便能自如地控制愤怒的情绪。接下来的一些句子对消减怒气很有用，可以问自己其中的几句话来应付某些生气的状态，也可以自己想一些有用的句子。

（1）事情真的严重到让我生气吗？

（2）如果我还有不生气的选择，那就没有必要生气。

（3）生气对目前这个状况于事无补，何不另想办法。

（4）我是不会掉入愤怒这个圈套的。

（5）我其实很冷静，内心很平静。

（6）在愤怒爆发前，我可以做个深呼吸，先从一数到十。

（7）算了，我不喜欢无谓的情绪紧张。

（8）这不是针对我个人，所以我并不是很受伤害。

（9）我必须清楚地意识到每个人看待事情的角度不同。

（10）我必须尊重每个人的不同选择。

（11）我必须接受人有"错"的权利，并试图理解。

（12）我不能单凭某次的行为表现来评断一个人。

（13）这是值得生气的一件大事吗？

（14）三年、三个月、三天、甚至三个小时之后，我还会像这样生气吗？

　　有时候，我们会在尚未理性地看待某些事件之前先发怒，变得情绪化。要避免这种情况，必须先对这些将惹怒你的事件有所预料，早一步想好应对之策，才不会陷入怒不可遏的境地。当情况发生时，试着说出你演练多时、可以减缓怒气的话，也尽量往能让自己平静下来的方向去想，这样一来，会很容易识别让你生气的情况。尤其是跟别人讨论一些事（可能是你与客户、同事、亲戚、朋友交谈时），在已知他们不是很能接受，甚至会彻底否定你的观点的情况下，运用控制怒气的策略，便可以比较自如地应对。

　　人活在世，要学会把一些事情看开，不要莫名其妙地生气，于事无补地自寻烦恼只会伤害到我们自己。亚里士多德说，生命的本质在于追求快乐，使生命快乐的途径有两条：**第一，发现快乐的时光，增加它；第二，发现不快乐的时光，减少它。所以发现愤怒并减少它才是根本。**

塑造得体的形象，为个人品牌加分

　　一个良好的个人形象能给人一种美的感受，能在社交过程中散发迷人的气质，给人一种舒服的亲和感！在当今社交礼仪中，塑造一个良好的个人形象是一种资本，是一种智慧的自我设计，是一个人在社

交过程中有关礼仪的难得的思想意识。

　　良好的形象不仅能够使一个人拥有较好的道德修养，而且还有助于事业的成功。俗话说"人靠衣服马靠鞍"，人与人之间的沟通所产生的影响力和信任度，是来自语言、语调和形象三个方面。你的形象就是自己的未来，在当今激烈竞争的社会中，一个人的形象远比人们想象得更为重要。一个人的形象应该为自己增辉，当你的形象成为有效的沟通工具时，那么塑造和维护个人形象就成了一种投资，长期持续下去会带来丰厚的回报，让美的价值积累，让个人消费增值。没有什么比一个人许多内在的东西都没有机会展示，还没领到通行证就被拒之门外的损失更大了！

　　一个人若在30岁前，仍然没有形成独特的个人形象，前途一般不会太好，至少这是不成熟的表现。那么如何塑造一个良好的个人形象呢？

1. 穿衣的艺术

　　拿一个人的外在形象来讲，就是一种艺术的设计。不管在公共场所，还是在私人聚会的时候，只要与人进行交往，你的着装打扮、言谈举止等外在形象就会出现在他人的眼里，并留下深刻印象。可以说，一个人的外在形象的好坏，直接关系到他社交活动的成功与失败。

　　要想解决好形象的"焦点"问题，服饰、仪表是首先进入人们的眼帘的，特别是与人初次相识时，由于双方不了解，服饰和仪表在人们心目中占有很大分量。穿衣要得体，这是最基本的要求。只要是适合自己体形，漂亮又有新意的衣服，就应当大胆穿着。服饰的个性，也能让人评判出你的审美观和性格特征。服饰式样过时，人家会认为你刻板守旧，太过超前会让人觉得轻率固执、我行我素，这两种情况都会让人得出"此人不好接近"的结论，自然会影响社交中的形象。

　　穿衣服有穿衣服的艺术。着装的礼仪，在公务场合与社交场合就

有明显的区别。接待人员在公务场合、社交场合和休闲场合着装要得体而应景，不能雷同。公务场合要庄重保守、端庄大方、严守传统，不能强调个性、过于时髦、显得随便，最好穿深色毛料的套装、套裙或制服，不允许身穿夹克衫、牛仔装、运动装、健美裤、背心、短裤、旅游鞋和凉鞋，衣服不能过于肮脏、折皱、残破、暴露、透视、过大、过小或紧身。社交场合主要指宴会、舞会、晚会、聚会等应酬交际场合，服装应突出时尚个性，可穿时装、礼服或民族服装，最好不要穿制服或便装。

休闲场合穿着应舒适自然，忌正正规规。在正式场合，接待人员穿着要正确得体，所有衣扣要扣严，不能挽起袖管或裤角，衣袋或裤兜里不宜装过多的东西，衣服上商标要先行拆除，穿西装最好内着白色衬衣，穿深色袜子、黑色皮鞋、打领带，不穿或少穿羊毛衫，全身上下衣着应保持在三种色彩之内。

2. 举止恰到好处

得体的举止，是一种不说话的语言，真实地反映了一个人的素质、受教育的水平及能够被人信任的程度。

怎样才能让你的言谈举止"放大"形象呢？言谈举止是一个人精神面貌的体现，要开朗、热情，让人感觉随和亲切，平易近人，容易接触。很多人在社交中总担心没有出众的言谈来打动大家，吸引别人的注意，以致于造成精神上的紧张，使表情、动作都变得十分僵硬，这都是自尊心太强造成的。因此，应放松心情，保持自己的既有特点，而不要故意矫揉造作。有的人在"亮相"时昂首阔步，气势逼人，在跟别人握手时像钳子般有力，跟人谈话时死死盯住对方……这样故作姿态，不仅会令别人感觉难受，连自己也觉得别扭。其实最好的办法是保持你原有的个性和特质。

3. 偶尔来个幽默

幽默是社交中不可缺少的元素，人的言谈需要幽默感。在社交

中，谈吐幽默的人往往获胜，没有幽默感的人在社交中往往会失败。在交际场合，幽默的语言极易迅速打开局面，使气氛轻松、活跃、融洽。在出现意见有分歧的难堪场面时，幽默、诙谐可成为紧张情境中的缓冲剂，使朋友、同事摆脱窘境或消除敌意。此外，幽默、诙谐还用来含蓄地拒绝对方的要求，或进行一种善意的批评。平时应多积攒一些妙趣横生的幽默故事。

4. 充分展示性别美

与此同时，充分展示性别美也是一种美的外在形象。男士切忌流露出狭隘和嫉妒的心理，不要斤斤计较，更不要睚眦必报。男人的性别美，是一种粗犷的美，内涵的美，真正的男子汉应该有性格，有棱角，有力度，有一种阳刚之气，而那些扭扭捏捏的奶油小生则让大多数人难以接受。而女性的性别美普遍被人认可的形象一直是娴静的、温柔的、甜美的。女性容貌清秀，线条柔和，言谈举止中所散发出来的脉脉温情强烈动人。交际时，女性如能巧妙地利用自己的性别特点，表现得谦恭仁爱，热情温柔，一般总能激起男性的爱怜感和保护欲。女性自然的柔和所产生的社交力量，有时比"刚强"的力量要大得多。聪明的女性总是自觉地突出自己的性别形象。如英国前首相撒切尔夫人有"铁娘子"之称，政坛作为不让须眉，但在家中仍是个好主妇，为家人做早餐，为女儿粉刷墙壁，对丈夫温存体贴，其温柔美得到了人们的交口称赞。

5. 挂上你的"二号微笑"

有一种魅力叫做"二号微笑"，发挥"二号微笑"也是相当重要的。舞蹈演员在舞台上表演轻松欢快的舞蹈时，要保持"二号微笑"。所谓"二号微笑"，就是"笑不露齿"，不出声，让人感到脸上挂着笑意即可，保持"二号微笑"，让人感觉心情轻松，又比较愉快。在社交场合，轻轻的微笑可以吸引别人的注意，也可使自己及他人心情轻松些，"笑眯眯"的人总是有其魅力的。

6. 体态语的艺术

塑造一个良好的个人形象，体态也是相当重要的方面。它体现气质风度，塑造美的形象。

体态语不但与有声语言互为补充，同时还使说话者以动态、直观的主体形象出现在听者的面前，给他们以直接的印象。体态语直接构成主体的体态形象，这种形象不仅仅是外观造型意义上的，它还鲜明地体现着主体的内在气质、风度和人格。在日常生活的谈话中，人们的举手投足，一颦一笑，无不传递着大量的信息，显露出主体的思想感情、爱憎好恶和文化修养。因此，人们往往通过体态动作去衡量别人的价值，同时也通过自己的动作和姿势来表现个人的风度。

体态语的设计和运用能大大增强这种美学效果，使谈话者声情并茂、形神皆备，使谈话者风度翩翩、仪态万方。有经验的演说家总是善于运用恰当、独特的体态动作来改善自己的形象。据说美国前总统肯尼迪具有"超凡的魅力"，不管说什么，只要做几个姿势，就能把听众吸引住。他的身材并不算高，但他那精心设计过的姿势却总是能唤起一种形象高大的印象。肯尼迪的魅力可以说是体态的魅力，风度的魅力，气质的魅力。这种优美的体态风度能帮助谈话者建立良好的"第一印象"，使其形象符合对方的期待，一开始就从感觉上、心理上沟通了与对方交流的渠道……

7. 得体的礼仪

礼仪不但是社交场合的一个"通行证"，而且还是个人内在文化素养及精神面貌的外在表现。无论在工作还是生活中，对别人以礼相待，讲究礼仪，都是对别人的尊重。只有你去尊重别人，别人才会尊重你。

小江刚毕业时并没觉得礼仪有多重要，直到有一次闹了个尴尬，才决心从头学基本礼仪。小江回忆起曾经的一次经历就忍不住冒汗。

公司前辈在客户面前力推小江，大家也聊得很开心。但给名片时，小江却闹了个大红脸。他先递给了几位看起来容易相处的客户，递到一位老客户时，人家根本不接，原来小江递名片没有按照顺序，客户认为有厚此薄彼之嫌。多亏前辈打圆场才算了事。

什么样的人该用什么样的称呼，李丽现在特清楚，因为她曾经当众闹过一次笑话。两年前，李丽去拜见父亲的一位世交。见面之后，李丽有问必答，老人家不停地夸李丽懂事，谁想老人家突然问了一句"令堂身体还好吗"，李丽反应了半天，愣是没有明白对方问的是谁。旁边的人见李丽摸着头不吭声，赶紧提醒"老人家问你母亲身体好不好"，李丽这才红着脸回答。

塑造一个良好的个人形象最重要在于需要健康的心理，如宽容、自信、感恩和快乐的心态等；此外，我们还要注意差异原则，要有平等的意识，坚持投其所好的主题思想，要懂得尊重其价值和根源的道理，要知道合群的意义……具体来讲有性别差异、地区差异、性格差异等，在社交过程中我们要时刻注意到这些典型的差异。

第三章

这十年，一定要丰富自己的内涵

在思考中强化逻辑思维

思维能力的训练是一种有目的、有计划、系统的教育活动，对它的作用不可低估，尤其是年轻人，在竞争如此激烈的社会中更要特别注重思维能力的训练。虽说人的天性对思维能力具有深刻的影响，但后天的教育与训练对思维能力的影响更大、更深。许多研究成果表明，后天环境能在很大程度上造就一个人。

1. 五种必须具备的思维能力

世界著名教育心理学家，被誉为"多元智能理论"之父的霍华德·加德纳教授研究了人们怎样学习，怎样创造，怎样领导，怎样改变他人或者自己的想法，总结出了人类在现今社会需要具备的五种思维能力。

（1）条理性思维能力。

以往在学校接受的训练中，大多数学校只教授一些考验学生记忆能力的知识，例如哪年发生了哪些事，太阳系中有多少行星，这就是条理性思维了吗？其实，并非如此。

事实上，学校没有教会年轻人用条理性思维来思考问题。老师们必须让学生理解他正在教授的知识的真正含义，并要求他们实践，因为人的大脑不会凭直觉学会这些知识。

因此，加德纳认为一些国际衡量标准没有意义，例如经济合作组织采用的"国际学生评价项目"。这一手段仅仅是关注学生的记忆力，而不是条理性思维能力，最终会过时。

在当今信息变幻无穷的数字化时代，学会应用条理性思维才是最重要和最必要的。具备这一思维能力的学生将有能力在各种繁杂的信

息中分辨出哪些才是最重要的，并将无关紧要的知识排除。

（2）综合性思维能力。

综合性思维能力有助于把各种分散的事物综合在一起。历史上最具备综合性思维能力的人就是自然学家查理·达尔文，他的这一思维能力正是今天我们所需要的，也是未来最重要的思维能力之一。

今天的我们被各种信息所包围。要想在网络上查找"进化"这个单词，你可能需要花费一整天的时间阅读各种二手资料，其中很多都是没有价值的信息。这个时候就需要我们形成一个标准，判定哪些是需要关注的，哪些根本可以置之不理。综合性思维能力同时需要的是把知识连贯起来的能力，使它们更加有意义，并成为可以传达给他人的知识。

（3）创造性思维能力。

这种思维能力既被爱因斯坦在科学领域发挥得淋漓尽致，也被弗吉尼亚·伍尔夫在艺术领域充分演绎。有创造力的人就是那些总能有一些新想法跳入脑中的人，而由他们所想的新鲜事物则需要时间才能被人接受。加德纳认为，如果一个想法或者一件产品很容易就被人接受了，那么它就不能算是真正的有创意。

加德纳提出，如果不能掌握至少一门学科和艺术门类或手艺，就不可能具有创造力。认知学告诉我们，平均需要 10 年时间才能掌握一项手艺。莫扎特虽然在 15 岁时就写出了优秀的作品，但那也是因为他从 4、5 岁便开始了尝试，同样的例子也发生在著名画家毕加索身上。有创造力的年轻人总能把握住机会，勇于承担风险，不惧怕挫折和失败。

（4）尊重的思维能力。

这种思维能力是最容易理解的，但却是最难达到的一种思维能力。一个不懂的尊重别人的年轻人很难受到别人的尊重，这样就很容易被其他人群孤立，这样绝对是不利于他自身的发展和自我改善的。记住，尊重产生于各种对等关系中。

在我们生活的这个复杂世界中，人类必须永远把尊重置于首要地位，要尊重个体之间的差异。

（5）道德思维能力。

这种思维能力比上述所有思维能力都更加抽象化。加德纳指出："道德思维能力并非说，霍华德·加德纳应该如何对待他人，而是说我是一名老师、作家、科学家，同时我也是公民，是我任教的大学、生活的社区、我的国家，乃至全世界的公民，在这些角色中，我该如何为人处事？"因此，道德思维能力反映的是各种不同的角色。

在当下社会，事物瞬息万变，时间和空间概念都会随技术的发展而迅速地发生变化，市场变得越发强大，而且缺乏一种力量去改变它，因此在这样的环境下，年轻人的前途一片光明，面对的挑战就是如何把美德、责任和道德结合起来运用。

2. 如何训练自己的思维能力、逻辑能力

思维能力的训练主要目的是改善思维品质，提高年轻人的思维能力，只要能在实际训练中把握住思维品质，有的放矢地进行训练，就能顺利地卓有成效地提高思维能力。思维并非神秘之物，尽管看不见，摸不着，来无影，去无踪，但它却是实实在在，有特点、有品质的普遍心理现象。如何使大脑"动"起来呢？

（1）以多元思考法提高思考能力。

所谓"多元思考法"，就是每件事情不要期待只有一种答案，而应多方面思考，创造不止一种的解决可能性。习惯多元思考法的人，面对任何问题都能从不同角度与观点分析，即使再大的难题，也能找出解决办法。

那么，该如何培养多元思考能力？以下是三个不错的办法。

①提醒自己不可变成"被煮熟的青蛙"。

有个童话故事，主角是一只青蛙。这只青蛙不小心掉进火炉上的

锅中，因为水温20度，青蛙觉得很舒服。但慢慢的水温升高，30度、40度渐渐升上去。然而，因为水温变化缓慢，虽然觉得愈来愈热，已经习惯了的青蛙却懒得跳出来。结果，这只青蛙最后被煮熟了。

我们的工作与生活，其实也有类似状况。一旦适应了，即使环境恶化，也会认为"只要忍一忍就好"。久而久之感觉麻木，等到问题严重到不可收拾的程度，却已回天乏术。

所以，当生活或工作出现警讯时，你必须严格提醒自己，绝对不可变成"被煮熟的青蛙"。

②从不同立场进行思考。

一般人其实都有相当固定的思考模式。但事情一固定，就会顾此失彼，失去多元创意的弹性。想要锻炼多元思考能力，抛弃过去习惯、换个角度重新思考，是最根本的步骤。

③养成边写边思考的习惯。

有好想法、好点子时随时记录下来，也是培养多元思考能力的有效方法。只在脑袋中想象，思考容易偏差、窄化。写下来则可让自己更容易掌握整体图像，发现缺点与不足之处。

（2）提高逻辑思考能力。

所谓"论理思考能力"，简单讲就是面对问题时不可一相情愿地埋头苦干。至于具体的论理思考训练法，则有三种——"由宏观到微观"思考法、"MECE"思考法、"逻辑树状图"思考法。

①"由宏观到微观"思考法。

所谓"瞎子摸象"，指没办法整体掌握事情轮廓，只好以偏概全地错误想象。所以我们提倡要从宏观和微观这两个方面去分析思考事物。

②MECE 思考法。

养成"由宏观到微观"的思考习惯之后，不妨进一步学习"MECE"思考模式。简单讲，所谓"MECE"就是，处理事情能够毫无遗漏、毫无重复。有"遗漏"就会错失机会；"重复"则白白浪费

力气。

③使用逻辑树状图。

"逻辑树状图"可说是逻辑思考方法的集大成者。其特点主要是能有效处理事情的"大小关系"、"因果关系"与"阶层关系"。

（3）提高创造思考能力。

点子不多、思考能力不强的人在这竞争激烈的社会中很容易被淘汰。如何提升自己的创造思考能力呢？以下是三种不错的做法。

①经常脑力激荡。

一般人之所以点子不够多，主要是受"常识"与"成见"不当影响。而破除的方法很简单，就是活用"脑力激荡"。例如许多企业喜欢用脑力激荡方式，推出新的工作方案，规划未来发展方向。

进行脑力激荡时必须：先让各种点子尽量跑出来，然后模仿"接龙"方式，局部改良别人点子，逐渐形成新的创意。比如，讨论"空罐子的使用方式"这个课题时，有人说用来"装水"、当作茶杯。此时就可从"装"这个字延伸想到不只"装水"，也可"装土"，也就是当作盆栽。然后同样的道理，也能用来装烟灰，变成"烟灰缸"……可能性其实是无限的。

②点子一出来，就加以整理。

根据研究，思考新点子，可让右脑活性化；整理点子的过程属于论理，则能促进左脑活泼。因此，想出点子之后加以整理，即可同时训练左脑与右脑。

更何况，点子必须经过评量以及其他人的考验。如果没有记录、整理，便会失去接受考验的机会。这样的点子通常用处不大。

③进行"重点化"与"分类"。

活用点子，一定要经过"重点化"与"分类化"过程。

"重点化"方面，首先应区别"有用的点子"和"没用的点子"，并且将各种点子排定优先顺位，最有用的先挑出来。其次，"分类"必须把性质类似的点子放在一起，如此才能清楚呈现点子的特色。

脑力激荡是否一定要聚集许多人在一起才能操作？其实不然，即使一个人也能达成脑力激荡的效果。当然，一个人进行脑力激荡，难度较高。所以要注意平时就必须养成习惯，比如，不妨每天用5分钟练习脑力激荡思考法，针对一个主题，3分钟之内想出20个解决办法，5分钟之内想出30个解决途径等等。总而言之，养成脑力激荡的习惯，思考与创造能力自然快速提升。

享受艺术的熏陶

气质是一个人独特的风貌，是从眼神、话语、背影甚至举手投足间流露的特质，让别人从直观上就能凭感觉认识你的性格、品质、学识、家教甚至思想……当然，即使从小没有接受这样对自己内涵的培养，良好的气质也是可以积累得来的。先天是环境造就气质，后天是修养造就气韵，人要有修养才有气质，但也不能只修内在，要内外兼修才可以。所以除了要提高文化修养之外，还要注重气质内涵的提升。**提升个人气质，最直接的办法就是尽情享受艺术的熏陶！**

白天紧张工作，下班接着加班充电，有时候做梦都在"忙碌"。外表光鲜的都市白领们每天被职场压得喘不过气，而时下，不少职场白领为了减压纷纷利用下班或者周末学习古筝、太极、围棋、茶道。

在某外企工作的袁立最近爱上了古筝，提起这个爱好，她说古筝让人放松，与其对职场琐事纠结不如将自己的身心寄托于更高的境界与情怀。学古筝既能缓解压力又能提升自身品位。袁立平时脾气很暴躁，如今学古筝没多久，在悠扬的古乐中，觉得心灵慢慢地舒展开了，人自然而然就静下来了。

艺术具有审美认知、审美教育、审美娱乐等独特的功能和作用，具有以情感人、潜移默化、寓教于乐等特点，使得艺术成为审美教育的主要内容和主要方式。艺术对于人性的完美、人格的修养、人生境界的提升和整个社会风气的转变非常重要。艺术教育能培养和提高人们感受美、鉴赏美的能力，提高人的观察力、理解力、想象力和创造力，它潜移默化的巨大力量，对于人的全面发展有着重要的作用。

艺术素质与人格发展有着密切的关系。如果把人格的发展划分为自觉人格、道德人格和审美人格，则审美人格境界是自我人格实现的最高境界。

审美人格的内涵更艺术，可以提高人的修养，更深刻，它涉及到人对生活的基本态度和人所选择的生活方式。审美的人生是把现实的人生改造为艺术的人生、超功利的人生、按照美的规律来塑造的人生。审美之所以深刻地体现着人的自由之境，是因为审美直接关联着人的情感，审美活动往往能使人的感性特征得到较全面的解放。人格作为涵盖着人的整体性表征，它的最高本质是在审美中表达人的自由。审美人格，使一个人的道德影响得以扩展，使一个人的个人魅力得以显现，使一个人能够赢得他人的尊重。审美人格是一个人真正的桂冠和徽标。

有人以为要懂得很多的艺术知识，才有资格谈艺术欣赏，这是有偏差的。不喜欢艺术的人，不太接触艺术活动，就如同不爱喝咖啡的人不会跑到咖啡馆一样自然。爱艺术的人对于艺术，就好像海绵到处吸水，喜欢就是喜欢，喜欢不必非懂得艺术知识不可。喜欢一片大好风光的人，是因为这片大好风光和我们心灵有着难以言传的情感联系，我们不会因为不知道这片风光的地理知识——例如山岩的成份、海水的含盐量、积雪的类别，而阻断了这个情感的联系。

欣赏应是基于一种自发的喜爱，而不是受到个人知识的强力引导。懂了一大堆关于艺术的知识，不代表就是自发的喜爱。一个对艺术真正喜爱的人，不会炫耀搜罗来的琐琐碎碎的艺术知识，更不会为

了搜罗这些琐碎的知识而疲于奔命，那是会干扰到喜爱的清心。真正有心于艺术史和理论研究的，自有一套行事的原则。不可把艺术知识与艺术欣赏混为一体。喜爱欣赏艺术品的人，多少也会得来一些片段的知识，那只是副作用，不是主题。喜欢艺术的人，在他有了丰富的审美经验之后，确实能"懂"艺术，这种"懂"，不是懂艺术知识的懂，这是情感钩连深入协调的"懂"，是深入领会的"懂"。

事实上，每个人的生活体验都充满对美感的追求，如喜欢将自己装扮得出众美丽或是喜欢豪房名车，都是追求美感事物的表现，换言之，对于艺术的欣赏应该是本能以内的事情。欣赏艺术不是什么特殊阶级的产物，能够沉淀俗念好好欣赏一幅画或是艺术品，其实是每个人都可以做到的事情，而养成逛画展等习惯也是培养内在修为的一种好方式呢。很多人会以自己缺乏艺术细胞为由，对于欣赏画这一类的事情认为和自己无关，其实看画展是和自己沟通的一种好方式，因为看画沉静的那一刻就是在进行自我对话。

艺术的欣赏方式丰富多样，我们可以在生活中增添艺术的色彩，享受艺术给我们带来的乐趣。有句话："会看的看门道，不会看的看热闹。"大概说的是看戏。细想想，在我们貌似平淡的生活中，有"门道"的事儿可多了，如：同是在屋内养花，也仅是几盆，有人，却在花的品种和摆放上出新，让人看了顿觉清爽、惬意；同样是装修房间，有人，花钱不多，但房子的装饰布局让你觉得舒适无比，颇有艺术感；同样是穿衣，有人，衣服的颜色样式与个儿肤色相配，给人增加了美色、亮色，让人总想多看几眼。

在一定意义上，美化我们的生活，打扮我们周围的环境，也需要有艺术的追求和审美能力。我们不可想象，生活的环境被弄得乱七八糟的人会心态优雅。人，应该学会用艺术的眼光去构建环境，去打扮生活。眼里融进了艺术，心里就融进了愉悦，就为你创造了消遣和享受。

在我们平淡的生活中，"艺术"又是如此的普遍。学会巧妙地构

思我们的生活，学会用艺术的观点去打扮和看待生活，那么，你的生活就增添了一分情趣，你就可变平淡为神奇。

的确，任何人的艺术修养都不是先天的，都是需要在艺术创作或艺术欣赏的实践中，逐步锻炼和培养的。首先要多读、多听、多看，多接触各种艺术形式和艺术流派。只有在博览的基础上，才有可能辨别真伪优劣，培养出较高的艺术鉴赏能力。各种艺术形式之间都存在有机的联系，对各种艺术形式培养起一定的兴趣，会有助于艺术修养的提高。各种艺术流派之间也是有内在联系的，只有广泛通晓各种艺术流派，才可能有比较有鉴别，才可能采各家之精华，培养起高尚的艺术情趣。如何从日常生活中不断地提升自己的艺术修养呢？

1. 提高艺术修养首先要树立正确的世界观

世界观同人们的整个精神世界——心理状态、道德观、艺术趣味、审美能力等紧密地联系在一起，如果没有正确的观念作指导，欣赏者就不可能领会艺术作品的艺术美，也不可能接受艺术作品所表达的思想倾向。

2. 要培养自己的审美趣味，扩大自己的欣赏视野，从而提高艺术修养水平

要想欣赏音乐，需要有会听音乐的耳朵；要想判别形态的美，就需要有锐利敏感的眼睛；要想接触古今中外一切优秀的文艺作品，就需要阅读他们、欣赏他们，借以锻炼自己的形象思维能力。只有这样，才能提高审美趣味，加强审美感受，从而有益于身心健康。

3. 要提高鉴赏能力，正确引导自身的审美趣味

提高自身的审美趣味还可以通过向那些具有某种专长的人学习，在欣赏方面得到他们的指导、帮助。专家的意见往往可以影响甚至改变自身的兴趣和观点。对艺术作品进行具体的分析、讲解，有助于人们加深对作品的认识、理解和感受。

4. 深刻认识现实社会生活

艺术具有认识价值。一部优秀的艺术作品，能深刻而典型地反映社会历史，能成功地再现生活。提高艺术修养，有助于全面地欣赏艺术作品，深刻地认识作品的社会意义，更全面地理解社会、人生和现实生活，从而增强历史责任感。

5. 增加生活情趣，得到更多的艺术享受

艺术具有享受和娱乐的价值。提高艺术修养，可以丰富自己的精神生活，得到更多的更高尚的艺术享受，从而增强对生活的感情。这样，在群体中的形象也将更加丰满、更富有人情味，更能够和群体融合在一起。

6. 更好地吸收人类文化的一切精华，吸取一切进步的思想营养

任何一部艺术作品都反映了作者一定的思想感情和生活信念。提升艺术修养，可以更深刻地体会一部优秀艺术作品进步的思想倾向，从中汲取向上的力量。艺术作品是通过人物形象来感染读者和观众的，因而对思想的熏陶作用也是更富有效果的。

7. 培养道德情操，艺术具有道德的价值

一部优秀艺术作品中的艺术形象，对自己道德观念和人生选择方面影响重大。注重艺术修养，可以通过进步的艺术形象，吸收进步的道德观念，逐步培养道德情操。

爱好艺术，可使人提高品位，陶冶情操；再推而广之，帮助社会和谐，增进人生幸福。

让丰富的知识，睿智头脑

知识在任何一个时代都极其重要，尤其在当今社会，经济迅猛发展，知识的重要性更是不可忽视。

遇到很多的人，总是没完没了地抱怨收入如何低，生活如何不如意，这样的事再平常不过了。他们从来不知道也不去想怎么样才能通过自己的努力来提高自己的收入，一方面抱怨收入低，一方面又把自己的宝贵的时间浪费在了吃喝玩乐上。

岂不知收入的提高是靠自己的努力，自己的能力去实现的。所以必须千方百计地去提高自己的能力，使自己更"值钱"。成熟的人，在任何时候都知道自己需要什么，什么对自己的发展有利。而没有足够的知识储备，一个人难以在工作和事业中取得突破性进展，难以向更高地位发展。

无论在什么领域，商业领域也好学术领域也好，那些学识渊博、经验丰富的人，比那些庸庸碌碌、不学无术的人，成功的机会更大。

有位商界的杰出人物这样说："我的所有职员都从最基层做起。俗话说，'对工作有利的，就是对自己有利的'。任何人在开始工作时如果能记住这句话，前途一定不可限量。"刚跨入社会的年轻人随着自己地位的逐步升迁，一定有很多学习的机会，假如他能抓住这些机会，成功就是早晚的事。

初出茅庐的年轻人，要随时随地注意本行业的门道，而且一定要研究得十分透彻。在这一方面，千万不能疏忽大意、不求甚解。有些事情看来微不足道，但也要仔细观察，有些事情虽然有困难险阻，但也要努力去探究清楚。如能做到这一点，他就能清除事业发展道路中的一切障碍。

无论目前职位多么低微，汲取新的、有价值的知识，都将对你的事业大有裨益。有一些公司的小职员，尽管薪水微薄，却愿意利用晚上和周末的时间到补习学校去听课，或者买书自学。他们明白知识储备越多，发展潜力就越大。别人都在加紧为自己的未来"充电"，你还能只是干坐着苦恼吗？结合自身的实际，探寻一些提升自我丰富头脑的方法，并坚持下去，日后对你的生活和事业会有很大的帮助。

1. 养成热爱读书的习惯

哈利·杜鲁门是美国历史上著名的总统。他没有读过大学，曾经营农场，后来经营一间布店，经历过多次失败，当他最终担任政府职务时，已年过五旬。但他有一个好习惯，就是不断地阅读。多年的阅读，使杜鲁门的知识非常渊博。他读完了《大不列颠百科全书》以及所有查理斯·狄更斯和维克多·雨果的小说，他还读过威廉·莎士比亚的所有戏剧和十四行诗等。

杜鲁门的广泛阅读和由此得到的丰富知识，使他能带领美国顺利度过第二次世界大战的结束时期，并使这个国家很快进入战后繁荣。他懂得读书是成为一流领导人的基础。读书还使他在面对各种有争议的、棘手的问题时，能迅速做出正确的决定。例如，在20世纪50年代他顶住压力把人们敬爱的战争英雄道格拉斯·麦克阿瑟将军解职。他的信条是："不是所有的读书人都是一名领袖，然而每一位领袖必须是读书人。"

美国前任总统克林顿说：在19世纪获得一小块土地，就是起家的本钱；而21世纪，人们最指望得到的赠品，再也不是土地，而是联邦政府的奖学金。因为他们知道，掌握知识就是掌握了一把开启未来大门的钥匙。"

每一个成功者都是有着良好阅读习惯的人。世界500家大企业的CEO至少每个星期要翻阅大概30份杂志或图书资讯，一个月可以翻阅100多本杂志，一年要翻阅1 000本以上。如果你每天读15分钟，

你就有可能在一个月之内读完一本书。一年你就至少读过 12 本书了，10 年之后，你会读过总共 120 本书！想想看，每天只需要抽出 15 分钟时间，你就可以轻易地读完 120 本书，它可以帮助你在生活的各方面变得更加富有。如果你每天花双倍的时间，也就是半个小时的话，一年就能读 25 本书，那么 10 年就是 250 本！每一个想在 35 岁以前成功的人，每个月至少要读一本书，两本杂志。

到了二十几岁后，就已经开始慢慢的接触社会了，在与别人交往的过程中，谈吐与修养是最能征服别人的。无法相信一个不喜欢读书的年轻人，他（她）会是充满智慧的。

喜欢读书的人，一定是沉静且很好的心态，也一定是出口成章且知性的人。认真地阅读，可以让心情平静，书里暗藏着乐趣，它能够教会人很多哲理，让你学会以一种平和的心态去迎接生活里的痛苦或快乐。相信没有人会喜欢与一个肤浅的人交往。

高尔基说过："书籍是人类进步的阶梯。"书还能带给你许多好处。多读书，可以让你有许多的写作灵感。可以让你掌握更多更好的写作方法。在写作的时候，我们往往可以运用一些书中的好词好句和生活哲理。让你更富有文采，美感。

多读书，可以让你知礼节。俗话说："第一印象最重要。"从你留给别人的第一印象中，就可以让别人看出你是什么样的人。所以多读书可以让人感觉你知书达理，颇有风度。

多读书，可以让你多增加一些课外知识。培根先生说过："知识就是力量。"不错，多读书，增长了课外知识，可以让你感到浑身充满了一股力量。这种力量可以激励着你不断地前进，不断地成长。从书中，你往往可以发现自己身上的不足之处，使你不断地改正错误，摆正自己前进的方向。所以，书也是我们的良师益友。

多读书，可以让你变聪明，变得有智慧去战胜对手。书让你变得更聪明，你就可以勇敢地面对困难。让你用自己的方法来解决这个问

题。这样，你又向你自己的人生道路上迈出了一步。

多读书，也能使你的心情变得快乐。读书也是一种休闲，一种娱乐的方式。读书可以调节身体的血管流动，使你身心健康。所以在书的海洋里遨游也是一种无限快乐的事情。用读书来为自己放松心情也是一种十分明智的选择。

读书能陶冶人的情操，给人知识和智慧。所以，我们应该多读书，为我们以后的人生道路打下好的、扎实的基础！

2. 掌握积累知识的方法

聪明来自勤奋，知识在于积累。一个人要想在工作和学业上取得成就，养成积累知识的良好习惯是非常必要的。

说起积累知识，也是非常不容易的事。日本有句谚语：**积水可以成为深潭，积累知识可以使人变得聪明**。那么怎样积累知识呢？可采取以下几种方法：

（1）做卡片

一般每张卡片摘记一个观点或一条材料，并注明出处。卡片多了要按内容整理分类，以便随时查找使用。

（2）记笔记

在读书或调查研究过程中，把看到、听到的有用的观点、语言或心得体会，随时记下来。俗话说，好记性不如烂笔头，只有这样才能增强记忆，既积累了素材，也有助于提高分析综合能力和演讲及写作水平。

（3）删减

积累的知识、资料，必须从自己的实际情况出发，结合本职工作，有明确的目的目标，注意把眼光放开阔一点，有些暂时用不着而将来会有用的资料要保留下来，把感到长期保留价值不大的可删减掉。

（4）剪贴

剪贴就是将报刊杂志上的有关文章、资料裁剪下来，按不同内容分类贴在剪报资料本上，便于用时方便查找。

通常，懒惰是自己最大的敌人，把它克服了什么事情都很好解决。要在别人松懈的时候你去努力做事情，千万不要堕落，多给自己充电加油，丰富自己的知识面，提高自己水平，完善自己，不要整天埋怨！因为这只能打击自己，学会生存，学会自立。

知识的海洋是无边无际的，而我们每一个人的知识是有限的，要想增加自己的知识，开阔眼界，丰富头脑，就必须发扬蜜蜂采花和燕子垒窝的勤奋精神。做到细心、耐心、坚持不懈。要脑勤、手勤，处处做有心人。在读书、看报、看电视、与人聊天时，只要看到有价值的素材，就要随时记下来。日积月累，逐年增加，便形成一个知识的宝库。已收集到的材料，也要经常翻阅、熟悉，做到心中有数，这样在工作中运用时才能得心应手，发挥它应有的作用。

懂得高调做事、低调做人的智慧

在人的一生中，能够立身的根基不外乎两件：一件是做人，一件是做事。的确，做人之难，难于从躁动的情绪和欲望中稳定心态；成事之难，难于从纷乱的矛盾和利益的交织中理出头绪。而最能促进自己、发展自己和成就自己的人生之道便是：低调做人，高调做事。

这是一个从前的故事。他出生在渔民家庭，世世代代以出海打鱼为生。18岁那年，爷爷决定带他出海。大海深处，爷爷教他如何使舵，如何下网，如何根据水颜色的变化辨识鱼群。就在他听得起劲的时候，老天突然变了脸，刚刚还晴空万里，风平浪静，瞬间便是狂风大作，巨浪滔天……爷爷马上命令道："快，赶快拿斧头把桅杆砍倒！"他不敢怠慢，立即抓起斧头用尽全身力气把桅杆砍倒。

大海重新恢复了平静，祖孙俩用手摇着橹返航。他不解地问爷

爷："为什么要砍断桅杆?"爷爷说:"帆船前进靠帆,而升帆靠的是桅杆,就是说船要行得快,必须靠桅杆和帆。我们现在为何行得慢,就是因为没了桅杆和帆。"顿了顿,爷爷又说:"但是,由于桅杆竖得高,又使船的重心不稳,遇到大的风浪就更加危险了。所以,我让你砍断桅杆,就是为了降低重心,使船能稳定下来。"

之后,他当上了造船公司的总经理。不过,在他的办公室墙上有这样两句话:"竖起桅杆做事,砍断桅杆做人。"他说,这是他的"座右铭"。

这个故事给我们的启示是:做事要高调。要像桅杆一样把目标竖得高高的,要像风帆一样把劲鼓得足足的,敢于改革,敢于创新,敢于面对各种各样的困难,乘风破浪,勇往直前。而做人则要低调。要像暴风雨中对待桅杆那样,尽管不愿意,但还要放倒它,因为只有降低重心,才能平安。一定要懂得,我们每个人都只是社会一分子,没有什么放不下来的。如果做出点成绩,那也是集体智慧的结晶,大家共同努力的结果,没有什么可骄傲的。再说深一点,这个世界没有了谁,地球也还是照样转的。可见个人的力量是那么的渺小和微不足道。因此,高调做事和低调做人,是我们要遵循的规律,是人必须具备的一种品质,它跟一个人的地位、财富是不相干的。

低调做人既是一种姿态,也是一种风度,一种修养,一种品格,一种智慧,一种谋略,一种胸襟。低调做人就是用平和的心态来看待世间的一切。低调做人,更容易被人接受。一个人应该和周围的环境相适应,适者生存。曲高者,和必寡;木秀于林,风必摧之;人浮于众,众必毁之。低调做人才能有一颗平凡的心,才不至于被外界左右,才能够冷静,才能够务实,这是一个人成就大事的最起码的前提。

高调做事是一种境界,是做事的尺度。高调做事不仅可以激发人的志气和潜能,而且可以提升做人的品质和层次。高调做事也绝对不等于"我尽自己最大努力"去做事,而是应该有一个既定目标。一个

人只有有了目标，才有可能全身心地投入，其成事必然顺理成章，其人生必然恢弘壮丽。

低调做人，高调做事，是一门精深的学问，也是一门高深的艺术，遵循此理能使我们获得一片广阔的天地，成就一份完美的事业，更重要的是我们能赢得一个涵蕴厚重、丰富充实的人生。古人云："欲成事先成人。"这也是一生做人做事的准则。要悟出其中蕴含的道理，它需要生活的积累和历练。

有些人进取精神不强，缺乏克服困难的勇气，自我要求不高，安于现状，不思进取，工作中不走在人前，也不落人后，随大流；有干好工作的热情，但自身综合能力缺乏，办法少、点子少、找不准切入点，往往事倍功半，甚至好心办成坏事。有些人说起来头头是道，自以为是，这也行，那也行，但工作起来这也不行，那也不行，结果一事无成。

其实，这主要是没有掌握好做事做人的艺术。做人和做事都是相互联系的，只有彼此相互配合才能在人生道路上一步一步走下去。高调做事，就是不论作什么事眼光都要放远一点，目标定高一点，并对做成这件事有足够的信心。而做人，要低调。这并不意味着降低做人的标准，而是要谦虚做人。

我们经常为如何在生活中立身所扰。做人难，许多人在心中感叹。如何立身，关乎做人的立场、方法与原则，也许更关乎一个人一生的成与败。但做人做事，应该选择高调还是低调呢？年轻人做事容易冲动，不够周全圆滑，难免容易吃亏，深刻理解下面几个原则有助于年轻人把握好为人处事的尺度：

1. 忍

面对不公，别气愤，别宣泄。一来气愤伤身体，二来气愤不解决问题。有肚量去容忍那些不能改变的事，有勇气去改变那些可能改变的事，有智慧能去区别上述两类事。这是成功者要具备的三个素质。

既然有些事情不是个人能力所能改变的，何不冷眼旁观呢？宣泄不满，只会让旁人看戏。

2. 静

静是首要选择。少说话，多倾听。因为爱说话的人，本就失去了一分宁静的美。而且，言多必失。有句话是，三思而后行，而这里要强调的是三思而后言。即使是网络这个交流的平台，多言也会让人讨厌的。想说话了，就对自己说，不要对别人说，因为现在几乎没有人愿意听。

3. 让

大是大非，涉及到原则问题，不能退让，要由个人来做出决定；但小事情，尽量听别人的意见。能按别人的意见办的，就不坚持己见。退一步，海阔天空。而且如果是按别人的意见办的，错误也就有所分担。

4. 缓

有句训诫是："讷于言而敏于行"。在某种情况和某种环境下，应该是，讷于言而缓于行。做事，你太快了，难免有草率之嫌。而且，也不易把事做到周密、细致。缓，还有个好处，就是可以在别人失败的基础上，走成功的捷径。但这样往往又会错失过很多的机会。表现过分激进看似太能干的人，往往容易成为众人嫉妒和防备的对象。

5. 淡

一切都看淡些。对名利，对金钱，对感情。得失是辩证的，你在这方面损失了，你的心灵会得到释放，会有机会去尝试别的选择。经济学里的机会成本用在这里比较适合，越是看得淡，就越是心灵平静，就越能体会平凡的幸福。

永远知足而且满意自己的生活，从而让我们感知到生命的更多快乐和美好！

养成好习惯从积跬步开始

不良的行为习惯又会给我们的生活带来什么呢？

日本有一家食品公司要招聘一位卫生检测员，一位衣冠楚楚、气度不凡的年轻人自信地走进了总经理办公室，他优雅的谈吐、扎实的专业知识赢得了总经理的好感，没想到就在年轻人转身离开的时候，他下意识抠了一下鼻孔，这个不起眼的小动作并没有逃过总经理的眼睛，结果可想而知，一个没有良好卫生习惯的人怎么能够做卫生检测员呢？当然，年轻人到死也不会知道是他"抠鼻孔"的坏习惯毁了他的工作，使到手的金饭碗落入了他人之手。

再看看我们周围，有人勤奋，有人懒惰；有人认真，有人马虎；有人勤俭节约，有人铺张浪费；有人今天的事情明天做，有人明天的事情今天做……

勤奋的人收获成功，懒惰的人收获失败；认真的人收获喜悦，马虎的人收获沮丧；勤俭节约的人收获幸福，铺张浪费的人收获痛苦；今天的事情明天做，所有的梦想皆成空，明天的事情今天做，所有的梦想皆成真……

有怎样的行为习惯，就会有怎样的人生！

1. 如何养成好习惯

习惯是有意识的选择，如果我们能将好的思维方式、好的行为、好的工作方式变成习惯，那我们就会很轻松地获得成功与快乐的人生。

行为心理学研究表明：21 天以上的重复会形成习惯；90 天的重

复会形成稳定的习惯。即同一个动作，重复 21 天就会变成习惯性的动作；同样道理，任何一个想法，重复 21 天，或者重复验证 21 次，就会变成习惯性想法。所以，一个观念如果被别人或者自己验证了 21 次以上，它一定已经变成了你的信念。

一般情况下，习惯的形成大致分三个阶段：

第一阶段：1～7 天左右。此阶段的特征是"刻意，不自然"。你需要十分刻意提醒自己改变，而你也会觉得有些不自然，不舒服。

第二阶段：7～21 天左右。不要放弃第一阶段的努力，继续重复，跨入第二阶段。此阶段的特征是："刻意，自然"。你已经觉得比较自然，比较舒服了，但是一不留意，你还会回复到从前。因此，你还需要刻意提醒自己改变。

第三阶段：21～90 天左右。此阶段的特征是"不经意，自然"，其实这就是习惯。这一阶段被称为"习惯性的稳定期"。一旦跨入此阶段，一个人已经完成了自我改造，这项习惯就已经成为你生命中的一个有机组成部分，它会自然而然地不停地为你"效劳"。

下面是一些有助于养成好习惯的方法，我们不妨借鉴一下：

（1）明确要培养的好习惯。

找一个不被打扰的地方，用二十分钟的时间列出你"不良习惯一览表"。接着再用二十分钟，列出"好习惯一览表"。然后认真分析一下，哪些要改？打算如何改？哪些要培养？打算如何培养？

注意：这是第一步，一定要明确。你的看法越坚定、清楚，你的习惯培养或改正就越有力量。

（2）潜意识输入法。

这是很有威力的一个方法。比如，你第二天要出差，需要比平时早起，如果你平时是习惯于 7 点起床，6 点是未必醒的。为了 6 点能准时起床，在晚上临睡的时候你就和自己的头脑说："明天要 6 点起床"然后想一下 6 点起床的情境，让自己头脑得到清楚地确认。这样你在第二天的 6 点就能准时起床了！

你将自己想养成的习惯，输入自己的头脑，潜意识会提醒你去做。

（3）视觉法。

将要培养的习惯画成图案记于心中。贴在墙上、写于笔记本首页、放于垫玻璃的桌面等，就是为了增强视觉方法。比如制作了一些卡片、图片，放于自己方便看到的地方，这样的实行效果很好。

（4）行动法。

用行动、重复地行动。和自己说"我做得到！""我要去做！"如果你能连续行动 21 天，你就会发现习惯已经基本培养起来了。

（5）监督法。

形成一个好的习惯确实不容易，如果没有足够的意志力我们往往容易放弃。不妨求助第三方的帮助，比如，请人监督或向亲友许诺，也会收到不错的效果。

2. 如何改掉坏习惯

做一个有计划的成功者，有计划地为自己塑造好习惯。当然，因为与之相对应的坏习惯已经十分顽固，因此要形成某些好习惯时，你可能需要花更多的力气同时去克服坏习惯。

中国有句古训：江山易改，本性难移。这句话的涵义有两层：人的本性是很难改变的；人的本性虽然很难改变，但并非改变不了，只是难了一点而已。

有这样一个寓言故事：一位没有继承人的富豪死后将自己的一大笔遗产赠送给远房的一位亲戚，这位亲戚是一个常年靠乞讨为生的乞丐。这名接受遗产的乞丐立即身价大增，成了百万富翁。新闻记者便来采访这名幸运的乞丐："你继承了遗产之后，你想做的第一件事是什么？"乞丐回答说："我要买一只好一点的碗和一根结实的木棍，这样我以后出去讨饭时方便一些。"

可见，习惯对我们有着极大的影响，因为它是一贯的，在不知不觉中，影响着我们的行为，影响着我们的效率，左右着我们的成败。

改掉一个坏习惯为什么会这么困难呢？只是因为你的思想意识处在矛盾中，任何一种习惯的形成，是因为你在这样做时，会得到一时的快感，而且这种快感有无比的诱惑力，使你难以抗拒。

所以要改掉一个坏习惯，首先，你就要激发自己的欲望，让要改掉一个坏习惯的欲望，比想坚持它的欲望更强烈，这样你就已经成功了一半。

假如我们的本性中有一些阻碍成功的因素，我们如果不改变，岂不是注定要失败？如果你对改变自己的劣根性没有信心，裹足不前，请扪心自问：我是要快乐与成功，还是要痛苦与失败？不改变，就意味着失败；要快乐，要成功，就别无选择，只有立即改变。成功其实是很简单的。重复的行为就能形成习惯，良好的习惯就能导向成功，所以，成功也就是简单的事情反复地做。

这里特别要强调的是，很多年轻人都会有一些这样或那样的职场坏习惯，这无疑造成了他们奔往成功路上的阻碍。以下这9大恶习是你必须戒除的：

（1）怨天尤人。

这几乎是失败者共同的标签。一个想要成功的人在遇到挫折时，应该冷静地对待自己所面临的问题，分析失败的原因，进而找到解决问题的突破口。

（2）传播流言。

每个人都可能会被别人评论，也会去评论他人，但如果津津乐道的是关于某人的流言蜚语，这种议论最好停止。世上没有不透风的墙，你今天传播的流言，早晚会被当事人知道，又何必去搬石头砸自己的脚？所以，流言止于智者。

（3）拖延。

虽然你最终完成了工作，但拖后腿使你显得不胜任。为什么会产

生延误呢？如果是因为缺少兴趣，你就应该考虑一下你的择业；如果是因为过度追求尽善尽美，这毫无疑问会增多你在工作中的延误。社会心理学专家说：很多爱拖延的人都很害怕冒险和出错，对失败的恐惧使他们无从下手。

（4）经常性迟到。

你上班或开会经常迟到吗？迟到是造成使老板和同事反感的种子，它传达出的信息：你是一个只考虑自己、缺乏合作精神的人。

（5）对他人求全责备、尖酸刻薄。

每个人在工作中都可能有失误。当工作中出现问题时，应该协助去解决，而不应该一味地求全责备。特别是在自己无法做到的情况下，让自己的下属或别人去达到这些要求，很容易使人产生反感。长此以往，这种人在公司没有任何威信而言。

（6）傲慢无礼。

这样做并不能显得你高人一头，相反会引起别人的反感。因为，任何人都不会容忍别人瞧不起自己。傲慢无礼的人难以交到好的朋友。人脉就是财脉，年轻时养成这种习惯的人，相信他很难取得成功。

（7）随波逐流。

人们可以随大流，但不可以无主见。如果你习惯性地随大流，那你就有可能形成思维定势，没有自己的主见，或者既便有，也不敢表达自己的主见，而没有主见的人是不会成功的。

（8）一味取悦他人。

一个真正称职的员工应该对本职工作内存在的问题向上级说明并提出相应的解决办法，而不应该只是附和上级的决定。对于管理者，应该有严明的奖惩方式，而不应该做"好好先生"，这样做虽然暂时取悦了少数人，却会失去大多数人的支持。

（9）出尔反尔。

已经确定下来的事情，却经常做变更，就会让你的下属或协助员

工无从下手。你做出的承诺，如果无法兑现，会在大家面前失去信用。这样的人，难以担当重任。

习惯的形成是有意识选择的结果，既然是有意识选择的结果，那我们也可以再通过有意识的选择，来改掉它。所以你有自由选择好的或者坏的习惯的权力。成功就是简单的事情反复地做。让我们去挖掘出最真实也最丰富的潜能，那是早已蕴藏在我们身上而不自觉的资源，若不使用就太可惜了。

人因梦想而伟大，因行动而成功。

如何做一个独具感染力的人

熙熙攘攘的人群中，总会有人虽也如惊鸿一般飘然而过，却让你久久回首，难以忘记；社交聚会中，每个人都明艳照人，使尽浑身解数博取注意力，而有人却独领风骚，让人以为他是一个大人物，急于结交。

在角色多如牛毛的社会舞台上，总有一些人一出场就能赢得满堂彩，一抬首、一顿足就能显出与众不同，惹人注目。而我们大多数人，却仿佛注定了默默无闻，只是来来往往，不会令田里的农夫忘记锄地，也不能吸引众多的眼光注目。我们的平凡无奇，仿佛是无力改变的，仿佛就是为了衬托出"红花"的娇艳美丽。

为何他们的魅力如此不可挡呢？我们知道，魅力也是沟通交往中不可忽视的一个素质。沟通交往除了一些工作上的"公事公办"外，大多是凭着个人的兴趣、需要、好恶等因素进行的。这里，魅力就起着很重要的作用。

你甘心一辈子只做"绿叶"吗？你难道不想当一回社交圈中的明星，风光一回吗？你难道不想让别人对你过目不忘、艳羡不已而崇拜

吗？以下就是令你轻轻松松"鹤立鸡群"的一些秘诀，只要你真正掌握，并举一反三，就能实现这些愿望。

1. 宽容忍让展胸襟

新战士江红在一次班务会发言时，无意中涉及到了老兵小李的某些问题，小李误认为江红是有意在班长面前出她丑，便连珠炮似的数落了江红一番。事后有人对江红说："你怎么不顶她？"江红说："事情终会弄明白的，即使小李不明白，你们大伙不也都明镜似的吗？"打这以后，小李还经常向别人散布说江红这人专会巴结班长，爱表现自己。对此，江红也一笑了之，她说："我帮班长干活是应该的，别人不帮大概是有原因的，要么累了，要么有别的事要做，班长有事我帮助做，别人有事我也没看热闹啊，时间长了她会了解我的。"果然，经过一段时间的朝夕相处，小李对江红的人品有了全新的认识，主动向江红赔了不是，全班同志也都乐意和江红共事，甚至只要江红参加勤务劳动，大伙都不好意思偷懒了。

2. 豁达开朗展个性

一位老者在乘船时，听一些旅游者讲起关于在鱼肚子里发现珍珠宝物的故事，无聊之时，他凑上去说："我给你们讲一个真实的故事吧。我年轻的时候，曾和一位漂亮的女演员谈过恋爱，后来，我到国外分公司任职，一去就是两年，我和女演员的联络因此也越来越少。在回国之前，我特意买了一枚钻石戒指，准备给女朋友一个惊喜，然而半路上得知，一个月前，女演员已和某男影星结了婚。我一气之下把戒指扔进了大海。几天后，我回到了国内某市，在一家餐馆喝闷酒，鱼端上来了，我心烦意乱地塞进嘴里，刚嚼了两下，忽然牙被一个东西硌了一下。你们猜，我吃着了什么？""戒指。"大伙一齐说道。"不！"老人诡秘地一笑："是一块鱼骨头。""哈……"人群突然爆发出爽朗的笑声。现场气氛也随之活跃起来，众人为有这样一位虽然陌

生但却豁达开朗的老人加入谈话队伍感到高兴。

　　豁达开朗，是一种乐观积极的人生态度，在谈话中传达给听者的是健康向上的精神力量，人们从中不仅能获得快乐，还能减轻某些方面的痛苦和压力，在赢得别人好感的同时赢得友谊。这正是个人的人格魅力之所在。

　　宽容是生活中永不坠落的太阳，是获得友谊的灵丹妙药。在谈话中，由于种种原因，难免会遇到他人的误解甚至招致攻击。此时，如能保持宽容的心态，先从自身找找毛病，再从长远考虑问题，待云开雾散、真相大白之时，误解你的人就会把心掏出来给你看，旁人也会为你宽容忍让的风度报以钦佩的目光。

3. 义正辞严展自尊

　　一天，某车间主任将几位年龄稍大些的女工叫到办公室说："根据厂长办公会议精神，咱车间要减几个人，我考虑你们几位年纪大些，打算让你们先退下来。"闻听此言，几位女工一时间愣了，这就意味着下岗嘛。李女士站出来说："当初订的用工合同里不是这样的表述吧。我们年纪相对大些这是事实，但我们工作效率高、工艺好这也是事实，你凭什么叫我们退下来？"主任见说得在理，又扯出一条理由来："你们几位身体不是有病吗？这也是为你们着想啊。"李女士当仁不让："有病也没有要求领导照顾，也没有耽误正常工作，更没有躺在车间白拿钱，我们哪点理亏啦？现在不都兴竞争吗？咱可以竞争上岗，这么退下来我不同意。"这时，其他几位女工也纷纷附和，车间主任只好收回成命。

　　人格魅力不仅展现在达观开朗或宽容忍让的一面，有时坚持原

则、据理力争更能展现一个人的人格魅力。李女士的辩驳有理有据，义正辞严，既维护了自身的利益，同时也展示了自己的尊严。

4. 微言大义展锋芒

某县国税局，连年完不成税收任务，仅上半年全县就欠税350多万元。七月，张局长临危受命，上任后即展开了深入细致的调查摸底工作。在此前提下，召集17个纳税大户举行座谈会，张局长开宗明义说道："我是个转业干部，天生的二杆子脾气，我到这儿任国税局长，一不图官，二不图钱，就图个痛痛快快干工作，我初来乍到，能不能踢好头三脚，还要看各位买不买账。一句话，政策以外的钱我一分不收，该纳的税一个子儿也不能少，而且一天也不能再拖，谁觉着为难，自己看着办，下周的这个时间我要结果。"会后，在17家纳税大户的带动下，上半年欠收的所有税款一周内全部完成。

在为人处事中，有时需要苦口婆心地讲道理，而有时则不需长篇大论，紧要处点到为止，正所谓言简意赅、微言大义。张局长简短的几句话，不仅展现了军人果断的性格和干练的作风，而且字里行间展露着锋芒。在这样的气势下，有谁愿与"初来乍到"的新局长过不去呢？所以，张局长上任伊始来个"开门红"也是顺理成章的事儿了。

5. 一言九鼎展品质

某厂职工小方，经常向同事炫耀自己在市房管所有熟人，能办房产证，而且花钱少、办事快。开始人们还信以为真，有些急于办理房产证的同事便交钱相托，但时过多日，不见回音，问到小方，他才说："近来人家事儿太多，再等等。"拖得时间长了，同事们对他的办事能力产生怀疑，便向他要钱，他找理由说："谋事在人，成事在天。懂不懂？你的事儿虽然没办成，可我该跑的跑了，该请的请了，你不能让我为你掏腰包吧？"言下之意，钱没啦。从此以后，小方的话再也没人信了，以至于人们在闲暇聊天时，只要小方往人群里一站，大

伙好像有一种默契似的，始终缄默不语，继而纷纷散去。

我们一般崇尚"一言九鼎""落地砸坑""张嘴就能见到肠子"的直爽性格，而不喜欢转弯抹角的弯弯绕，更讨厌貌似有口无心、直言快语，实则机关算尽、言而无信的滑头。谈话中的每一个观点都是对一个人品质的检阅，每一项承诺都是对其人格的担保，言而有信才能取悦于人。可见，说话算数，也是展现人格魅力不可或缺的要素之一。

6. 仪态万方展性情

两位大学生前往应聘某公司部门经理。甲着装整洁，谈吐有致；而乙则衣冠不整，与主考官交谈时总显出不屑一顾的神态，令主考官大为不满，应聘结果可想而知。

在人际交往中，要想获得别人的欢迎，若想达到预期目的，须建立在对谈话对象充分尊重的基础上，一般应做到：

（1）着装整洁。整洁着装如同一道绚丽的风景，令人赏心悦目。

（2）举止端庄。包括谈话者合适的姿态和谈话中适度的手势。

（3）语气亲和。谈话的语气不同于演讲，更不同于舞台对白，它是一种纯生活化的语言交流，过分懒散或过于亢奋都显得对人不恭。

（4）眼神集中。表现一个人对对方以示重视的神态，莫过于眼神集中；左顾右盼、魂不守舍肯定不会博得对方的好感。

当然，展现你的人格魅力，并不是要你在众人面前故作姿态，把自己的毛病加以掩饰，或是压抑自己、改变自己的性格，而是正视自己的不足，克服性格中的消极因素，放大性格中的积极因素，让你的人格魅力架起与人沟通的桥梁。

此外，你还需要对这一切反复练习。任何地方都可以：对你的父

母、姐妹、邻居、上司、老师、朋友甚至街边的陌生人。做了这些之后，你一定会惊喜地发现，他们竟然也会给你同样亲切和蔼的回应。不过请注意，展现个人魅力千万不能过分。当然，一定不要忘记微笑，它能使你充满活力。简而言之，**个人魅力是你处理人际关系得心应手的工具。所以，多多练习，你会从中发现无穷乐趣。**

第四章

这十年，要学会打造属于自己的事业

尽早设计一套自己的职业规划

伟明大学毕业后做过好多份工作。在国营企业、民营企业、外资企业都做过，从事过家电、IT、广告、房地产等行业，开始时做人事，后来转为销售，再后来又改做广告策划、营销策划。

做人事时，觉得人太复杂，自己又夹在老板和员工中间，太难做——自己不适合从事这种低层次的人力资源管理。做销售时，成天要去拉关系，跟别人套近乎，感觉这不是自己所擅长的，收入也很不稳定。做了两年，有时业绩还不如一个刚来公司的新手。后来改行做广告策划，他经常有很好的想法，发现自己做广告方案比许多人都做得好（包括自己的上司），但自己感觉很好的策划上司就是不赞成，所以他不时与上司争论这些问题，往往搞得很不愉快。有一次自己感觉做得很专业的整合营销策划方案，好几处被老板不加商量地做了修改。在客户那做了提案后，客户对没有修改的策划内容很赞赏。伟明无论在本土广告公司，还是在跨国广告公司，哪怕是做到了策划总监，常务副总，都感觉不能充分施展自己的能力。

所以伟明决定自己做老板、开广告公司。但公司开了不到一年，就亏了几十万。

伟明又不得不去打工。他发现房地产业很红火，自己做房地产策划也应该是擅长的。他来到一家著名的房地产策划代理公司做营销策划。他发现，做策划自己上手很快、很有感觉，与发展商打交道却很困难。半年后，伟明跳槽去了一家房地产公司，做起了甲方。满以为做了甲方便可以不再需要跟别人套近乎，迎合别人的喜好，就可以大展宏图。但每天要处理大量各种各样的事情，事情太多、太杂、来得太快，简直应接不暇；又受不了老板的官架子，自己又不喜欢像其他

同事那样阿谀奉承。这种情况下，要想被老板重用，要想成功——更难！

在今天这种"自食其力"的开放时代，职业策划，无疑是任何一个渴望成就事业者最重要的策划。但从目前来看，很多人都有一种误解，以为职业教育和职业策划在进入职场之后才成为一种需要。美国人的做法正好反击了这种流行观点，美国人为了使他们的青少年将来能够更具有社会竞争力，拥有更成功的职业人生，从6岁就开始进行职业指导，并注意培养他们的职业策划意识。1989年，美国国家职业信息协调委员会公布《国家职业发展指导规范》，把人生分成四个阶段：小学、初中、高中、成人。其中，每个阶段的学生都要学习"自我认识"、"探索教育与职业的关系"与"职业决策"。

事实上，职业策划贯穿我们整个一生，只是不同时期地位不同。人生各个阶段是种步步台阶的延续关系，每一个阶段都可以为下一阶段做积累。否则，我们将陷入重复、浪费、没有效率、恶性循环的人生当中，而不是将资源、能量、成功像滚雪球一样越滚越大。

1. 年轻人造梦行动开始

年轻人没有不做梦的。做梦无疑不是坏事情，只有做"白日梦"才是可笑的——一只猫梦想成为狮子根本不可能，而一头瘦弱的狮子成为雄壮的狮子的梦想却并非妄想，因为这个梦通过长期有效的努力可以实现。

年轻人进入社会，经过两三年的职场磨练，不论成败，都应开始思考人生定位的大问题了。这里，我们就来探讨一下年轻人职业生涯的自我规划问题。对职业生涯进行规划，可以理解成"做梦"。年轻人应该如何"做梦"呢？

（1）怎么"做梦"？

其实也就是说"做梦"的原则。借用下面的几个名言警句，提供

给年轻的朋友们：

①一年可能办不成任何一件事情，十年却可以成就任何事情；

②有目标肯定比没有目标好；

③好的开始是成功的一半；

④循一则而用力则功立。

（2）什么才是你的梦？

实际上就是恰当确立你的目标。首先，要回答下面三个基本问题：

我最想成为什么：如国内最有影响力的管理学者之一；

我现在是什么职位：如一个有一定管理理论知识和长期经验的，刚从职业经理转向专业管理咨询的，正在艰难创业并为公司生存担忧的，希望有所突破的人士；

我最有可能成为（按顺序）什么：如①合格的职业经理人，②优秀的管理咨询人员，③受人欢迎的学院教师，④有所建树的专家学者，⑤成功的企业家。

然后，请结合自身的有关情况，包括：价值观、兴趣爱好、知识和技能、性格特点、学习创新能力、资源获得能力等，在这五个最有可能成为的角色中选出一个（当然，如果目标之间相容，并不排斥同时选择多个目标，但必须明确主目标）。

最后，将这个目标明确出来。尽管这个过程是艰难和痛苦的，但必须做出（如上例中的最后确定比较艰难，如果必须做出，这里假定选择的是"④有所建树的专家学者"，其他的几个角色可能出现在这个目标实现的过程中）。这就是定位、目标，是"瘦弱狮子"想成为的"雄壮狮子"。

（3）如何让梦成为现实？

以下几个问题不仅是明确步骤和措施的必要，这些问题的回答本身也是我们在各个步骤中非常现实的一些措施。

①何时达成目标，即希望用几年时间让梦实现？

②在何地达成目标，即希望把梦放在哪里兑现？

③需何人帮忙达成目标，即希望哪些贵人为你圆梦？

④需何种条件达成目标，即希望获得哪些资源、条件来配合梦的实现？

⑤需要多少人力、财力等来达成目标，你是否可以投入？

⑥阶段性的目标如何？请列出未来年度的具体日程。

⑦当前可以采取的具体措施是什么？

这些问题必须结合个人的实际情况来回答和确定，其他任何人都无法帮忙。需要提醒的是，时间不妨放得长一些，比如 5 年，10 年甚至更长；阶段性目标可以按时间倒推，由远及近，越近越清晰；当前的具体措施是每个阶段、每个时期都必须回答的问题。

如果上面的一些建议能对有志的年轻朋友们产生一定的积极作用，作者将非常荣幸。愿所有愿意成为"雄壮狮子"的"瘦弱狮子"能自我规划职业生涯并让规划成为现实。

2. 制定职业生涯规划应该注意的事项

（1）心态调整——以积极乐观的心态拥抱压力。法国作家雨果曾说过："思想可以使天堂变成地狱，也可以使地狱变成天堂。"

我们要认识到危机即是转机，遇到困难，产生压力，一方面可能是自己的能力不足，因此整个问题处理过程，就成为增强自己能力、发展成长重要的机会；另外也可能是环境或他人的因素，则可以理性沟通解决，如果无法解决，也可宽恕一切，尽量以积极乐观的态度去面对每一件事。有人曾研究所谓乐观系数，研究得出一个人若常保持积极乐观的心态，处理问题时，他就会比一般人多出 20% 的机会得到满意的结果。因此积极乐观的态度不仅会平息由压力而带来的紊乱情绪，也较能将问题导向正面的结果。

（2）明晰职业规划，确定职业目标——价值观和人生定位。

自我的人生价值和角色定位、人生主要目标的设定等等，简单地

说就是：你准备做一个什么样的人，你的人生准备达成哪些目标。这些看似与具体压力无关的东西对我们的影响却总是十分巨大，对很多压力的反思最后往往都要归结到这个方面。卡耐基说："我非常相信，这是获得心理平静的最大秘密之一——要有正确的价值观念。只要我们能定出一种个人的标准来——就是和我们的生活比起来，什么样的事情才值得的标准，我们的忧虑有 50% 可以立刻消除。"

（3）理性反思——自我反省和压力日记。

对于一个积极进取的人而言，面对压力时可以自问，"如果没做成又如何？"这样的想法并非找借口，而是一种有效疏解压力的方式。但如果本身个性较趋向于逃避，则应该要求自己以较积极的态度面对压力，告诉自己，适度的压力能够帮助自我成长。同时，记压力日记也是一种简单有效的理性反思方法。它可以帮助你确定是什么刺激引起了压力，通过检查你的日记，你可以发现你是怎么应对压力的。

（4）提升能力——疏解压力最直接有效的方法是设法提升自身的能力。

既然压力的来源是自身对事物的不熟悉、不确定感，或是对于目标的达成感到力不从心所致，那么，疏解压力最直接有效的方法，便是去了解、掌握状况，并且设法提升自身的能力。通过自学、参加培训等途径，一旦"会了"、"熟了"、"清楚了"，压力自然就会减低、消除，可见压力并不是一件可怕的事。逃避之所以不能疏解压力，则是因为本身的能力并未提升，使得既有的压力依旧存在，强度也未减弱。

（5）活在今天——集中你所有的智慧、热忱，把今天的工作做得尽善尽美。

压力，其实都有一个相同的特质，就是突出表现在对明天和将来的焦虑和担心。而要应对压力，我们首要做的事情不是去观望遥远的将来，而是去做手边的清晰之事，因为为明日作好准备的最佳办法就

是集中你所有的智慧、热忱，把今天的工作做得尽善尽美。

掌握一门专业技能至关重要

俗话说"三百六十行，行行出状元"，每一行业、每一工作都有其要求的特殊技能，具有某一方面的特殊技能，能使你找到适合自己的工作，并能很好地胜任这方面的工作。

但是，据调查，72%以上的职业人因为工作经历的复杂性，掌握了许多职业技能，或者获取了许多职业证书和学历，到头来却得不到他们所想象的市场青睐度。特别是初级职业人要么动不动就跳槽，要么就通过考各类资质培训提升自己的竞争力，最后不仅没有得到理想的市场认可度，还浪费了宝贵的时间、精力和金钱，竹篮打水一场空。

这类职业人最大的问题就在于，职业体态过胖，"艺多压身"，必须马上"瘦身"，找出自己的职业核心竞争力，剖析自己的职业精华，否则每随意选择一份工作就无疑增添了肥胖度，到头来非弄得失去健康出现危机不可。

廖先生原先是一位中学教师，因为对工作失去了兴趣出来到职场做保险代理人工作。当工作新鲜感消失之后，他觉得这种每天毫无稳定感的生活实在难以坚持下去。可是别的工作机会好像很难去获得。经过打听，他了解到注册会计师和司法考试两种资质认证在这个市面上好像很受欢迎。多年高三辅导经验考试对他来说易如反掌，于是经过两年多的准备，他顺利拿到了这两个认证。廖先生计划着做财务和法律工作，完美的计划却被现实打得粉碎。满以为自己会大受欢迎，可是四个月过去了，他连面试通知都没收到。

陈小姐在过去十年时间里先从事财务工作，抓住了一次机会进入市场领域发展，之后在销售、客户服务方面有过短暂停留，最近是在某公司项目部门稳定了一年多时间。但是现在的工作十分不如意，项目管理工作做得不是很有效果，部门的新人又给她很大的威胁和压力。考虑了很久她终于再次进入职场竞争，满以为凭自己丰富的工作经历打造的"全才"形象肯定会成为职场宠儿。但是事实正好相反，她面试的所有单位都对她的经历摇头。陈小姐惊呼：怎么会这样？

术业有专攻还是技多不压身？面对这个问题回答是见仁见智。然而就目前的社会职场来看，面对企业日益集团化的发展模式和分工更加精细化的运作趋势，"技多不压身"这一古训的有效性受到了现实职场的挑战。

如果自己的技能（包括专业技术能力和管理能力）没有得到一个精深发展，仅仅在泛泛的层面上经常转换，就像是一种营养超标，再多的吸收反而变为有害脂肪，职业发展处于横向发展状态，给个人职业价值的提升起到负面作用。更令人担心的是，他们却还没有意识到自己的掉价的根本原因，看着手中的技能、证书无法释怀，犹豫之间向许多需要他们某一项或几项技能和资质的公司投去了简历。结果是找不到合适的工作，患上职业"冠心病"。已经走"杂"了的人要及时刹车，及时"瘦身"。

1. 做好职场角色定位

在以岗位定终身的计划经济年代，人们只好用"干一行爱一行"来框定自己的职业行为。而在职业可选择的今天，"爱一行才能干好一行"却是不争的事实，让一个人干力所不及的事，干自己不喜欢的事，能干好才怪呢。

做好人生的"角色定位"，最大限度地发挥个人的专长，是成就人生事业的关键所在。"努力"不一定有结果，努力可以做得"很

好"，但如果不是自己的潜能所在，就难以做到"卓越"。爱因斯坦再努力，恐怕也不可能成为优秀的拳击手。

"知人者智，自知者明"，每个人都有自己的位置，从业的路更有千万条，关键是要做好自己的"角色定位"，知道自己适合做什么，不宜干什么，在"能干什么"的基础上择岗、定岗，在定岗的基础上明确自己的职责，明白"我是干什么的"。

要想自己在任何时候都能找到工作，最好的办法是培养一技之长，不断充实自己，增强自己某方面的实力。有的人年轻时什么都想试一试，这对于增加阅历是好事，但往往有部分人忽略了专业，什么都会一点，但什么都不专业，这样的人在应聘中较难胜出。社会提倡的全面人才是在专业技术突出的情况下，涉猎各方面知识的人才，而不是"半桶水乱晃"的"人才"。因此年轻时给自己定一个方向十分重要，并不断积累相关方面的知识和经验，有能力的情况下再追求博学。

2. 发挥职场专业影响力

不知在你的职业生涯中是否有这样的经历，因你不想默默无闻地在企业中混日子，当有机会时，你就会提出一个好的建议或方案，但事实却是不被决策者（可能是你的上级）或同事认可，更说不上给你支持，当然也就根本不可能付诸于执行了。你很清楚缺乏他们的支持，你就难以开始这种有创意的工作，也难以实现你的目标。这时你一定在心里抱怨："我已经讲得非常清楚了，这样做能使工作得到很大改善或取得更大收益，他们怎么不理解不支持呢？真搞不懂，他们在想什么？简直是对牛弹琴，狗咬吕洞宾，不识好人心。"

其实当你这样想的时候，你就已经错了，因为这样想可能会使你变得消极，少于思考问题，从而可能使你失去向上的动力。俗话说，自己的路自己走，当遇到这种情况时，你要思考的是为什么其他人不理解，怎样才能让他们相信并支持你？你必须明白，在一个企业组织

中，只有借助组织的资源才能成就自己的梦想。不知你注意到没有，在企业里，有的人提出的观点或建议，很容易就被采纳并付诸于执行，这是什么原因呢？你可能会认为这些人位高权重，其实事情并不总是这样。一些在某一专业领域属于专家权威的人，或在企业中具有很高人际关系和个人魅力的人才能获得大家的支持。

而当你即没有辉煌的成功历程，又没有高深的专业权威时，你该如何影响决策者以推行你的建议，以完成你的目标，成就你的职业梦想呢？就近期来看，你可以从下面来考虑：

（1）要有自信。

这里的自信是来源于你对事实的把握，将解决对策系统化，表现在你对你提出的建议或意见具有充分的考虑，而不是囫囵吞枣，有时连自己都讲不清楚，甚至是自己都难以说服自己，这样当你在向你的决策者推广时又怎么能打动他的心呢？又怎么能获得你的同事的支持呢？

（2）列举成功范例。

虽然你可能是第一次提出这样的建议，自己过往又没有成功的经历，这时你应该寻找成功的典范来证实你提出的建议将取得成功。在这里列举的范例与你提出的建议或方案相关性越高，获得认可的机会就越大。比如，当你提出一项降低成本的建议时，就可以列举与你所在企业在同一行业采取过类似方式并取得成功的范例，因为，任何一个决策者都是希望把决策风险降到最低，所以通过列举成功典范，可以让决策者更容易进行决策风险判断。

（3）发挥专家观点。

虽然你自己缺乏足够的专业权威来影响决策，但是你可以引证专家的观点提升你的建议的可信度。有时甚至是可以让专家直接参与进来给予支持。比如：现在好多企业进行内部业务变革、战略转型，以及人力、财务体系建设，就是借助外部的专家资源来推行内部的变革，以使各项建议方案能得到决策者的认可而有效的给予推行。

（4）借助影子权力。

有时我们为了能影响直接决策者给予支持，可以通过人脉关系接触到直接决策者的上一级或紧密相关人员，以此发挥影子权力的作用。这方面在企业销售中应该是被广泛运用的。比如：为了促成销售，可以去找采购决策者的上级、亲人等，目的就在于通过这些人来影响决策者的决策，以达到自己所希望的结果。

上面这些产生影响力的方式都是可以马上就能运用的，但却是表层的，要真正塑造你的专业影响力，还是应该锻炼你的内功——真正掌握你的专业技能。

管住自己的嘴巴

职场是一个充满原则、纪律，讲求策略的场合，更是一个充满利益冲突的是非之所。职场上，我们每天和同事、领导之间难免有话要说。说什么、怎么说，什么话能说，什么话不能说，都应"讲究"。可以说，在职场上"说话"也是一种艺术。很多时候，有些人吃亏就是因为没能管住自己的嘴巴。

职场人容易吃亏大部分原因是因为没有掌握好职场说话的艺术。在办公室里与同事们交往离不开语言，但是你会不会说话呢？俗话说"一句话说得让人跳，一句话说得让人笑"，同样的目的，但表达方式不同，造成的后果也大不一样。在办公室说话要注意哪些事项呢？

1. 说话要尽量客观

欢欢是一家宠物杂志的记者，天性喜欢小动物的她很庆幸自己能够选择一个非常合适的工作。因为喜欢和动物接触，所以她不仅工作努力，而且热情有加。但是在一个月前，升职加薪的人员中并没有看

到她的名字。而一个工作热情和工作业绩都明显不如她的人，却因为善于奉承主任而轻轻松松地升了职加了薪。

欢欢怎么也想不通，愤愤不平之余把自己一肚子委屈告诉了跟自己不错的一个同事。说主管提升人不是看谁有本事，不是注重人的才能，而只把眼睛盯在会拍马屁的人身上。这话说出去后没多久，欢欢明显感觉主管对她另眼相待，并且时时在一些事情上压制她。年底，当欢欢的合同快到期时，主管以单位人力资源部门对她的绩效考核不及格为由，没有与她续约。

这里说的客观，就是尊重事实。事实是怎么样就怎么样，应该实事求是地反映客观实际。有些人喜欢主观臆测，信口开河，这样往往会把事情办糟。当然，客观地反映实际，也应视场合、对象，注意表达方式。

2. 说话要有善意

刘明在某国家机关做办公室文员，她性格内向，不太爱说话。可每当就某件事情征求她的意见时，她说出来的话总是很"刺"人，而且她的话总是在揭别人的"短儿"。

有一回，自己部门的同事穿了件新衣服，别人都称赞"漂亮"，可当人家问刘明感觉如何时，刘明直接回答说："你身材太胖，不适合。"甚至还说："这颜色你穿有点艳，根本不合适。"

这话一出口，当事人很生气，而且周围大赞衣服如何如何好的人也很尴尬。因为，刘明说的话有一部分是事实，该同事确实胖了一点。虽然有时刘明会为自己说出的话不招人喜欢而后悔，可很多时候，她照样说特让人接受不了的话。久而久之，同事们把她排除在集体之外，很少就某件事儿去征求她的意见。

尽管这样，如果偶而有人征求她的意见时，她还是管不住自己，又把别人最不爱听的话给说出来。现在在公司里几乎没有人主动搭理

她。刘明自然明白大家不搭理她的原因。

所谓善意，也就是与人为善。说话的目的，就是要让对方了解自己的思想和感情。俗话说："好话一句三冬暖，恶语伤人恨难消。"在人际交往中，如果把握好这个"分寸"，说话不揭别人的"短儿"，那么，你也就掌握了礼貌说话的真谛。

3. 说话时要认清自己的身份

张强在一家知名外企公司做事。有一次项目经理告诉他，要给单位做一个宣传案的策划，经过大家讨论后，张强完全按照项目经理的意思完成了策划。但是，当策划案交到单位该项目主管领导那里，他却被狠狠地批了一通。

在领导面前，张强说，这方案是他们小组所有人讨论的结果，而且，他们项目经理也非常赞同，这个策划案60%都是项目经理的想法。

可没想到领导直接把项目经理叫来，当面对质。主管领导追问项目经理："听说这都是你想的，就这种东西还能叫方案，还值得你们那么多人来集体策划？我看你这个项目经理还是不要当了。"

从主管领导的办公室出来后，张强又被项目经理批评了一顿。项目经理告诫他，以后说话前动点脑子，别一五一十把什么都说出去。可张强认为，自己没有说错什么更何况他说的都是实话。

任何人，在任何场合说话，都有自己的特定身份。这种身份，也就是自己当时的"角色地位"。比如，在自己家庭里，对子女来说你是父亲或母亲，对父母来说你又成了儿子或女儿。如用对小孩子说话的语气对老人或长辈说话就不合适了，因为这是不礼貌的，是有失"分寸"的。

我们如果希望自己说的话能够在别人身上起作用，就不能采取简单的重复，而是能换个角度、换种说法，将对方的厌烦心理、逆反心理减到最低，到那时，你也许能真正体验到"一语千金"的威力。

4. 不要人云亦云，要学会发出自己的声音

老板赏识那些有自己头脑和主见的员工。如果你经常只是别人说什么你也说什么的话，那么你在办公室里就很容易被忽视了，在办公室里的地位也不会很高了。有自己的头脑，不管你在公司的职位如何，你都应该发出自己的声音，应该敢于说出自己的想法。

5. 有话好好说，切忌把与人交谈当成辩论比赛

在办公室里与人相处要友善，说话态度要和气，要让人觉得有亲切感，即使是有了一定的级别，也不能用命令的口吻与别人说话。虽然有时候，大家的意见不能够统一，但是有意见可以保留，对于那些原则性并不很强的问题，有没有必要争得你死我活呢？的确，有些人的口才很好，如果你要发挥自己的辩才的话，可以用在与客户的谈判上。如果一味好辩逞强，会让同事们敬而远之，久而久之，你不知不觉就成了不受欢迎的人。

6. 不要在办公室里当众炫耀自己

如果自己的专业技术很过硬，如果你是办公室里的红人，如果老板非常赏识你，这些就能够成为你炫耀的资本了吗？再有能耐，在职场生涯中也应该小心谨慎，强中自有强中手，倘若哪天来了个更加能干的员工，那你一定马上成为别人的笑料。倘若哪天老板额外给了你一笔奖金，你就更不能在办公室里炫耀了，别人在一边恭喜你的同时，一边也在嫉恨你呢！

7. 办公室是工作的地方，不是互诉心事的场所

小可是一个性格十分开朗的女生，来到新单位没多久，就成了办公室里的"开心果"。一天她和同事下班回家，看见上司的车里坐了一个年轻漂亮的女孩。第二天小可就在办公室大声公布了她的新发现。两天以后，上司把她叫到办公室，告诫她以后在上班时间少说与工作没有关系的事。小可闷闷不乐地回到自己办公的地方，叫她伤心

的是，没有一个人过来安慰她。

　　后来，小可逐渐发现，其实办公室里除了她，别人几乎很少说与工作无关的话，更别说提及别人或自己的私事了。这样一来，只要小可不开口说话，办公室里几乎是死气沉沉的。小可不明白，为什么大家之间的关系那么冷漠，处事都那么小心谨慎。

　　我们身边总有这样一些人，他们喜欢向别人讲诉一些别人的私事或是倾吐苦水。虽然这样的交谈能够很快拉近人与人之间的距离，使你们之间很快变得友善、亲切起来，但心理学家调查研究后发现，事实上只有1%的人能够严守秘密。

　　所以，当你的生活出现个人危机，如失恋、婚变之类，最好还是不要在办公室里随便找人倾诉；当你的工作出现危机，如工作上不顺利，对老板、同事有意见有看法，你更不应该在办公室里向人袒露胸襟，任何一个成熟的白领都不会这样"直率"的。自己的生活或工作有了问题，应该尽量避免在工作场所议论，不妨找几个知心朋友下班以后找个地方好好聊。

　　此外，站在别人立场考量事情，善于处理职场中的棘手问题、维护并保持良好的职场人际关系，是职场成功必备的职业素养之一。说话要分场合、要有分寸，最关键的是要得体。不卑不亢的说话态度，优雅的肢体语言，活泼俏皮的幽默语言这些都属于语言的艺术，当然，拥有一份自信更为重要，懂得语言的艺术，恰恰能够帮助你更加自信。娴熟地使用这些语言艺术，你的职场生涯会更成功！

如何提高职场中的竞争优势

　　职场中的你追我赶可以用"落后就要挨打"来表述。职业竞争力

的落后意味着被职业的淘汰。职场人如果缺乏核心竞争优势，很容易会面临被职场淘汰的尴尬局面。

王丽是一家合资企业的秘书，那天她来到智诺信，淡蓝色的镶有蕾丝花边的上衣配着一条飘逸的白色长裙，十分的轻盈可人。可是王丽内心并非像她表面那样开心快乐，工作上的事情一直让她抑郁不欢。王丽大专毕业，很早就从事秘书这一行，原本每月6 000元左右，现在工作量不断增多，她渐渐厌恶秘书的工作，工作也没有了以往的激情，老板也表示了极大的不满，王丽的心情越来越不好。

王丽从事的秘书一职是属于低技术含量的高薪职位。无其它专长，只是完成老总的日程安排、接电话、打字之类等等简单缺乏专业技术技能的工作。当这些职业人脱离企业希望寻求更好的发展的时候，就会在职场遭到冷遇。因为职业市场对人才的要求在不断地提高，像王丽这样技术含量偏低的人在职场上是很难保住她原来的身价的。如果缺乏足够的应对能力，就很可能被职场淘汰。

王丽的处境让我们清晰地认识到：职业人应该时时注意分析现在所处职位的市场发展前景，不仅要看到今天市场的需求，并且要根据目前的发展态势估计到明天的状况，要因地因人地积累职业竞争力，变被动为主动，有力地应对且寻找职业新增长点。如果已经遇到身价危机，就要认真盘点工作经验、知识技能中的闪光点，结合行业、职业市场的状况找到最适合职业人发展的平台。

市场在不断地变化当中，职业人要不断地注意行业、职业市场对人才要求的变化，不断地提高自己的职业含金量，找到自己与职业市场的契合点。要用发展的眼光看待自己目前所处的职位，根据企业和市场对人才的要求的提高，不断提高自己的职业技能。需要跳槽时一定要明确定位，朝着有利于职业人长期发展的方向努力才是保证身价上扬的前提。

1. 掌握十种最受企业欢迎的技能

一个人掌握何种技能来保证他的竞争优势取决于他的兴趣、能力和聪明程度，也取决于他所能支配的资源以及制定的事业目标，拥有过硬技能的人有更多的工作机会。掌握对你的事业有所帮助的技能显得尤为重要，以下是最受企业主欢迎的十种技能。

（1）解决问题的能力。

每天，我们都要在生活和工作中解决一些综合性的问题。那些能够发现问题、解决问题并迅速作出有效决断的人行情将持续升温，在商业经营、管理咨询、公共管理、科学、医药和工程领域需求量骤增。

（2）沟通能力。

所有的公司都不可避免地面临内部雇员如何相处的问题。一个公司的成功很多时候取决于全体职员能否团结协作。因此，人力资源经理、人事部门官员和管理决策部门必须尽量了解职员的需求并在允许的范围内尽量予以满足。

（3）外语交际能力。

掌握一门外语将有助于你得到工作的机会。现在热门的外语是英语、日语、韩语、法语和德语。而且，多掌握一门外语不仅可以扩宽你的人脉网，还可以给你带来更多的合作机会。

（4）专业技能。

掌握一门专业技能，到哪都不怕找不到工作。现在，技术已经进入了人类活动的所有领域。工程、通讯、汽车、交通、航空航天领域需要大量能够对电力、电子和机械设备进行安装、调试和修理的专业人员。

（5）商业管理能力。

在经济飞速发展的今天，企业管理人员能够掌握成功运作一个公司的方法是至关重要的。这方面最核心的技能是人员管理、系统管

理、资源管理和融资的能力和了解客户的需要并迅速将这些需要转化为商机的能力。

（6）计算机编程技能。

如果你能够利用计算机编程的方法满足某个公司的特定需要，那么你获得工作的机会将大大增加。因此，你需要掌握 C++、Java、HTML、Visual Basic、Unix 和 SQL Server 等计算机语言。

（7）信息管理能力。

进入知识快速"折旧"的年代，在校期间所学的东西，如果不随时更新，很快就跟不上时代。但是，徒有持续学习的上进心还不够，更要懂得如何快速有效地在浩如烟海的信息中"淘金"，掌握最新的关键情报。现在是速度决定胜败，谁的情报力比较快，谁就掌握赢的先机。因此，如今都把"情报搜集"列为绝对必要的工作技能。

（8）理财能力。

随着平均寿命的延长，每个人都必须仔细审核自己的投资计划以保证舒适的生活以及退休后的生活来源。投资经纪人、证券交易员、退休规划者、会计等职业的需求量也将继续增加。

（9）形象管理。

除了研发工程师每天面对机器外，诸如业务销售、行政、法务、公关、教育训练……绝大部分的职务都是属于"人对人"的工作，因此个人形象管理格外重要。

根据"7：38：55"法则，人们对你的印象有 55 来自你的外形与举止，只有 7 取决于你说了什么；就算专业也要靠形象来包装，形象关乎专业说服力。即使各行业所要的形象不同，但"品味是共通的原则"。

（10）培训技能。

现代社会一天产生和搜集到的数据比古代社会一年的还要多。因此，能够在教育、社区服务、管理协调和商业方面进行培训的人才的需求量逐年增加。

2. 打造个人品牌——无法复制的竞争优势

美国著名家电公司惠尔浦执行总裁惠特克说："如果我们拥有客户忠诚的品牌，那么这就是其他竞争厂家无法复制的一个优势。""商海沉浮，适者生存"，打造个人品牌也是职场竞争的取胜之道。竞争不可怕，裁员也不可怕，可怕的是没有精湛的专业技能，没有形成独具特色的工作风格，没有具备别人不可代替的价值。如果你想在越来越激烈的职场竞争中取胜，就应该从现在开始，把自己当作一个品牌去经营。

职场竞争中，个人的工作方法、工作技巧都可以被竞争对手复制，但是，个人品牌是无法复制的，它是优秀人才的关键性标志。

塑造个人品牌的核心问题就是别人如何看待你。无论是公司品牌还是个人品牌，都需要清楚界定自己代表的东西，以使目标受众能够快速领会。对企业来说，受众就是它的顾客。对于个人品牌来说，受众就是我们拥有（或者想拥有）各种关系的人。建立个人品牌非常重要，它可以让你在工作中得到大家的尊重，也能让你积累自己的无形资产，在以后的职业生涯中起到事半功倍的作用。

（1）个人品牌最基本特征是质量保障。

这点跟产品品牌一样。从产品品牌的起源开始，这一特征就存在。几个世纪前，在欧洲一些国家像一些农产品、矿产品，是没有名字的，后来这些产品慢慢有了名字，这时的名字还不是品牌，再后来，人们发现有的产品名字比其他产品更有价值，更受欢迎。最后，这些产品的名字就逐渐变成了品牌。

由此看来，品牌最核心的东西是质量保障。引申到个人品牌，最重要的就是品质保障。这体现在两方面，一方面是个人业务技能上的高质量。另一方面是人品质量，也就是既要有才更要有德。一个人，仅仅工作能力强，而道德水平不高是无法建立个人品牌的。

（2）品牌形成是一个慢慢培养和积累的过程。

任何产品或企业的品牌不是自封的，而要经过各方检验、认可才能形成。对个人品牌而言，也不是自封的，而是被大家所公认的。

（3）个人品牌讲究持久性和可靠性。

建立了个人品牌，就说明你的做事态度和工作能力是有保证的，也一定会为企业创造较大的价值。企业使用这样的人是信任和放心的。

（4）个人一旦形成品牌后，跟职场的关系就会发生根本性变化。

像一个企业一样，如果有了品牌，它做任何事就会相对容易一些。同样对个人来讲，一旦建立了品牌，工作就会事半功倍。

人才对品牌的需求，绝非如某些人所讲是宣扬个人主义。一份调查资料显示，大企业的平均寿命是 35 年，创业企业 80% 的寿命不超过 5 年。如此看来，在企业里谋生的人才的工作年限相对要比企业的寿命要长，大部分人必然面临 n 次选择企业的问题，而有了个人品牌就会有工作的保障。因为，个人品牌的特点主要是个人能力和魅力的呈现，其传达以及效应是与一个人才的厚积薄发分不开的，在职场中是具有识别性和稀缺性的。人才有了品牌，就如同老虎长出了翅膀，所以个人品牌不是一个人简简单单的姓名，而是在职场中的信赖标志。

顾全大局，注重细节

古人云：牵一发而动全身，"一发"相对于"全身"是多么微小的细节，可它毕竟牵动了全身！因小失大的教训一次又一次告诉我们：细节不可忽视，把握全局，要从细处着手。

生活中，诸如此类的细节常常是我们解决问题的关键。多少求职者因忽视一个细节而失去求职机会；多少学子因略去一个细节而与理

想学校失之交臂。细节是如此深刻地影响了我们的生活，影响了全局的胜败。当然，也有"不拘小节"一说，在某种意义上"不拘小节"是一种豪爽，但在另一方面，由于忽视"小节"，我们也许失去了全局。

1. 解决问题要从全局出发

杨经理和刘经理由于薪资改革闹了矛盾，我们看看几个员工的做法：

张先生很仗义，有种为大家"赴汤蹈火"的精神，挑头跟杨经理对着干，给人留下了"不好管"的印象。张先生今天跟杨经理过不去，明天会不会跟刘经理过不去？刘经理如果重用张先生，是否会令杨经理下不来台？这些考虑使张先生成为"两虎相争"的牺牲品，一个经理用撤换张先生的办法向另一个经理送人情。

李小姐能够理解经理的改革思路，并不以自己一时的得失决定支持哪位经理。她以一种旁观者的清醒，预见到被卷进权争的后果，警告同事不要一时糊涂。李小姐不只是明哲保身，而是把她的忧虑提出来与大家分享。

与李小姐相比，新来的小王则显得有些不成熟，她在权争面前显得有些胆怯，不敢发表自己的意见，一味退缩，甚至不愿去上班。

林先生更善于拉关系、结帮派。但他是从自己的局部利益出发，不是与公司共命运，拉帮结派的做法也威胁到了公司的利益，在公司遇到危难时不能挺身，反倒会拆台，经理们也不会喜欢。

看了这些也许你已经明白，在"两虎相争"时，作为员工，首先要做到"不卷入"，因为上司会从更加宏观和战略的高度去看问题，你一旦卷入，难免要成为替罪羊或牺牲品。

顾全大局，就是以整体利益为重，凡事从大局出发。在事关大局和自身利益的问题上，能以宽广的眼界审时度势，以长远的眼光权衡

利弊得失。自觉做到局部服从整体，自我服从全局，眼前服从长远，立足本职，甘于奉献。

你要想立足职场，你要想脱颖而出，你要想成为一流员工，只有忠诚、敬业、负责是远远不够的，你还必须学会顾全大局。凡事以大局为重，不顾大局就有可能出局，大局压倒一切。从整体角度考虑问题；只有识得大体方堪大任；不怕职务低，就怕觉悟低；有一颗包容的心；从大局着眼，从小处着手。

要成为"职业人"，单单依靠敬业精神是远远不够的。还需要从各个方面提升自己，达到"良好的表达能力 + 良好的沟通能力 + 良好的眼界 + 扎实的理论修养和实际操作能力"。

（1）全方位地学习。

不仅要掌握行业知识和技能，还要了解相关行业的知识和技能。同时，要通过各种有效的学习途径（网络、书籍、培训等）提升自己在营销、管理、财务等方面的综合实力。因为现代的竞争，是综合实力之间的较量，企业的综合实力和企业领导者的个人修养息息相关。职场新人永远要记住的一句话："专业型人才只会是企业的栋梁，而不可能成为企业的灵魂。唯有一专多能的人才，才有可能带领企业不断前进。"

（2）全面系统地看问题。

看问题要全面，切忌以偏概全。道理人人都懂，可是真正做到的却不是那么多。能真正做到全面系统看问题的人，也往往是职场的精英型人才。初入职场的新人从一开始就要牢牢树立这种意识。面对任何问题，都要仔细研究问题的根本和与问题相关联的因素。

（3）能用自己的想法去指挥行动。

通过学习掌握了扎实的理论基础，通过实践有了更多的实践经验，这样具备了成为一个"职业人"所具备的一半素质。而重要的另一半则是，如何有效地表达也你的想法，如何让人信服。

要表达自己的思想，不仅要会说，还要会写。说，可以体现一个

人的沟通交际能力；而写，则可以很好地体现一个人的逻辑思维能力。我们有了属于自己的想法（当然前提是建立在我们对相关问题的全面把握和仔细分析基础上的），就要通过说和写来向对方表达出来，从而得到对方的支持，实现自身的价值。

2. 细节决定职场命运

成功就是只比别人少犯一个哪怕最细小的错误，处理好每一个细节。因为一个人留在别人脑海里的不是一段连续的录像，而是一张张定格的照片，这叫外在刺激在记忆中的储存点。同样，一个人对另一个人的评价，也是由一系列细节决定的。

杨朔是公司里的大红人，业绩谁也撵不上，人际关系如鱼得水，更难能可贵的是，年纪轻轻就独当一面。从客户到老总，似乎里里外外的每个人都围着杨朔转。大家说那是杨朔稳重老成，给人信任感，有一种能征服别人的独特魅力。杨朔听说了，笑着拍着我的肩膀，说："哪里有那么玄乎，告诉你一个秘诀——细心决定命运！"

有一次，杨朔跟随公司领导整理材料，为即将参加的一个全国性会议做准备。和杨朔在一起的赵秘书很有水平，当杨朔还埋在纸堆打字的时候，人家早就把漂漂亮亮的报告送到经理桌前了，其效率之高让杨朔自叹不如。

可是没想到，就是那份早熟的报告，却闹出了大笑话。在会议上，其他公司的经理们都嘻嘻哈哈地说："还是你们能干，看看，一下子就卖出了八个亿，是外星人开的公司吧，我们自叹不如呀。"这样的事儿，大会上还是第一次出现，经理的面子可是真搁不住了。

原来，经理吩咐赵秘书将文中的"八万"改为"80 000"，还特别叮嘱仔细检查莫要出错。可是，一目十行的赵秘书噼里啪啦地，就加上了4个零，全部改成了"80 000万"。这件事给经理留下了很坏的印象。相反，慢工出细活的杨朔，工作规规矩矩，从不出错，反而

被经理认为是扎实稳重，让人放心的属下。在升职的竞争中，杨朔出乎意料地胜出了。

（1）细节反映逻辑思维的能力。

工作中常会有同一时段内要做许多事情的情形出现。有些事情之间有着明显的先后顺序，而有些则不然。这时，应及时调整工作安排，先集中把其他部门接着要做或需上级批准的工作完成提交。这样，你会发现，关注细节是帮助你把握工作主动的关键。

（2）细节反映自我管理的能力。

办公桌上文件永远堆得老高，计算机上永远贴满记事的便笺……很多人不习惯工作后清理归档。大事都做完了，谁还在意这些细微小事？殊不知，不能管好自己的人，谁又能委派他去管理一个部门呢？

（3）细节反映责任心。

上司或同事要出差，一切联系安排都已完成，他们离开公司前，你将一个写有对方主要联系人手机号码的纸条交到他们手中，万一出现变化，他们可以及时联系。你的部门负责组织公司的一个重要会议，会议前你去会议室把所用设备（投影仪，接线板）一一落实（尽管这些由下属专门负责，但他们未必做得非常细致），以防某个环节出差错。日积月累，当机会到来时，你就会被认为是最合适的一个人选。

（4）细节反映对他人的关注。

当客户从外边口干舌燥地走进会议室时，通常主人会按季节奉上热茶或冰凉的饮料，这份周到足以使客人满意。但若是先送上一杯温水，使客人能痛快地一饮而尽以解口渴，然后再奉上热茶冷饮让其慢慢享用，他们又会有怎样的感受呢？下属在炎热的夏季要出差到南方，你在他们离开前，将一瓶风油精放到他们的包内，这比你再三强调此次出差任务的重要性更能激发他们的工作热情。

（5）细节反映做事风格。

某人来电向你询问某事，此事本来由你同事负责，你留言相告就也算交差尽心了。但如果只是这样，对方心里肯定不那么踏实。此时，若是能想到这个细节，你就会主动回个电话告知对方："事情已转到负责这项工作的××手中了……"别小看了这个电话，它会使别人感到你做事的牢靠，下次有了机会，他肯定会首先想到你。

（6）细节反映综合素质。

严格地说，想发现旁人看不到的细节问题，想做好细节上的每件事情并不容易。素质的提高是个不断学习、逐渐积累的过程，就让我们从关注身边的细节开始吧！

要学会处理不得已的身不由己

"人在江湖身不由己"是人们耳熟能详的一句话，此话深刻地透出人在社会上生存发展的艰难、辛酸与无奈。

江湖过去指四方各地，其实按通俗的意义也就是指社会。我们常听人说跑江湖、走江湖、闯江湖，其实也指跑社会、走社会、闯社会。江湖一词更多地源于古时人们对社会的看法。

古时，社会文明、通讯远没有现在发达，所以一个人要实现心中理想，要出人头地，要生存发展，只有到四方各地去走、去跑、去闯。

走出去，跑一跑，闯一闯本是好事，能走、能跑、能闯的人也当是一些不甘现状，胸有大志，野心勃勃之人，如果自己没能耐，或者心虚，你让他出去，他也不敢出去，然而大多数闯江湖的人最后心中理想没有实现，倒落得一个很无奈的结局，发出江湖险恶的嘘叹。

在竞争激烈的职场中，企业从业者之间的人际关系问题让广大职场人士和企业经理人"饱受折磨"。不管是分工合作，还是职位升迁，

抑或利益分配；无论其出发点是何其纯洁、公正，都会因为某些人的"主观因素"而变得扑朔迷离，纠缠不清。随着这些"主观因素"的渐渐蔓延，原本简单的同事关系、上下级关系变得复杂起来：一个十几个人的办公室，可以有几个不同的派系，更可以有由这些派系滋生出来的上百个纠缠不清的话题。习惯于这种不动声色、波澜不惊的职场老手，将办公室比喻成战场，在这里，每天都进行着一场场没有硝烟战火的较量，不管你累不累愿不愿意，只要你置身"江湖"，就注定要"身不由己"。

1. 办公室里的身不由己

近年来，一些人力资源研究者将这种复杂纷繁的"办公室问题"戏称为"办公室政治"。"政治"可不是个随便就可以拿来说笑的儿戏。想想，"办公室问题"中大到派系问题、利益问题，小到职位变化、桃色绯闻等等，哪一样不是直指"个人利益"、"经济利益"？

古人说："人不为己，天诛地灭。"虽然这句话不是真理，但可以清楚地解释制造办公室问题的人的初衷和卷入办公室政治的人的苦处，你就不会再大惊小怪。萨特告诉我们：存在的就是合理的！既然，这场"政治"是由"经济"的肥沃土壤一手栽培起来，我们的从业者和经理何必为喜欢搞办公室政治的人而恼火，为存在办公室政治的企业而绝望呢？

动物界有其生态链，企业界不也有其"生态链"？一个恬静安宁的生态环境我们固然喜欢，一个物竞天择杀气腾腾的生态环境我们同样接受。对于身处激烈竞争外部环境的现代企业来说，企业内部的绝对平静、稳定已是一种奢求。当企业内部出现一群有不同声音、有不同利益追求的人才时，并不一定就意味着这个企业将"玩完"。相反，内部人才有一点竞争，有一点相互制约，来一场小小的"办公室政治"，对于原来"死水一潭"的企业来说，未尝不是一件好事。

"职场如江湖，人在江湖身不由己"。数天前，二把手在没有跟一把手商量，也没有明确告知廖建这个部门主管的情况下擅自安插了一个司机编制进了廖建的部门。廖建主动跟二把手沟通，表明了自己的观点：随意安插进人不利于公司制度的建立和管理。二把手直拍胸脯向廖建承诺不会有问题的。没想到，新来的司机去一把手那里签文件进公司之际，却受到了一把手的刁难，并狠狠批评了廖建一番，言语之间无外乎指桑骂槐、杀鸡儆猴之意。但是，无意之间，成了上司发泄彼此不满的炮灰让廖建对"职场游戏"心有余悸。

2. 办公室政治"教程"

（1）入门篇——开发你的情商。

在办公室政治的字典里，从来没有什么"合理"、"不合理"，只有"巧妙"、"不巧妙"。办公室不是人才市场，这里没有"能者上，不能者下"的标准衡量体系，于是，懂得开发自己标准测试所没有考虑进去的那部分智力——情感智力，就是赢得办公室"政治斗争"的前提。

那么，怎样去开发自己的情商呢？第一个提出"情感智力"说法的人是耶鲁大学的心理学家萨洛韦，他认为情商应包括以下五个方面内容：

①能充分认识自己的情感，具有理解自我及心理直觉感知的基本能力。

②自身动机，这是一种使其情感专注的能力。

③控制自己的情感，这是使其感受力适应各种情况的能力。

④情感归向，或者称对他人情感的感知，这种对他人的关注导致利他主义。

⑤掌握好人际关系，具有与他人交往的才能。

在职场上摸爬滚打的人，要想让自己的情商得到突破，竞争合作

意识、角色转换意识、形象意识、敬业意识和学习意识是必不可少的。其中尤以竞争合作意识、角色转换意识和学习意识最为重要。

（2）实战篇——同事和你争功怎么办？

当你挖空心思想出一个好主意，或者你勤奋工作为公司发展做出了极大贡献时，却有人试图把这份功劳归为己有。面对这种情况，你该怎么办？下面几种方法或许对你有所帮助。

①用短信澄清事实。

写的信不能有任何坏的影响，短信内容一定不能让对方产生不快。写信的主要目的是要委婉地提醒一下对方，自己当初随便提出的想法，是怎样演变到今天这个令人欣喜的样子。在信中适当的地方，你可以写上有关的日期、标题，可以引用任何现存书面证据。在短信的最后要建议进行一次面对面的讨论，这是很重要的，这能让你有机会再次含蓄加强一下你的真正意思：这主意是你想出来的。

②夸赞对方，重申自己的作用。

对这同事独一无二的才能和见解大加赞赏，这种方法对职业女性来说特别需要。很多研究者发现，女性员工喜欢从"我们"的角度而不是"我"的角度来做事，所以她们的想法和首创就常常会被男性同事挪用。如果着眼于事情的积极一面，你的同事也是想方设法要干出最好的工作，而且他（她）对要做的事情有独到的看法也许会有助于你解决这个可能很棘手的问题。

③退出争夺战。

初看起来，这似乎不是一种方法，或者不能算是一种很好的方法。但对某些人来讲，这或许是最好的。你应该问一问你自己：哪个更重要，是把这个想法付诸实施，还是独自拥有想出这个点子的名誉？在某些情况下，比如你正要接受一次重要的提升，要付出大量的时间和精力；或者除了"原则问题"之外其他并无妨碍。在这些情况下退出争夺战显然是明智之举，是上上之策。

（3）技术篇——办公室里哪些事情说不得？

同事是工作伙伴，不可能要求他们像父母兄弟姐妹一样包容和体谅你。很多时候，同事之间最好保持一种平等、礼貌的伙伴关系。你应该知道，在办公室里有些话不该说，有些事情不该让别人知道。

你应该首先弄清的问题：

①你的家庭背景是否会对你的工作产生大的影响？

②你与某些亲人或者朋友的关系是否不宜别人知道？

③你的历史记录是否会影响别人对你道德品质的评价？

④你的一些与众不同的思想是不是会触动一些敏感的神经？

⑤你的生活方式是否有些与传统相悖？

⑥你与老板的私交是否可以成为公开的秘密？

⑦你与公司上层的某些私人渊源一旦曝光，会给你带来障碍还是好处？

隐私本身也是一个相对而言的概念，同一件事情在一个环境中是无伤大雅的小事，换一个环境则有可能非常敏感，以上列举的，可都属于你的隐私范畴！

你要注意的问题：

①不要在公司范围内谈论私生活，无论是办公室、洗手间还是走廊。

②不要在同事面前表现出和上司超越一般上下级的关系，尤其不要炫耀和上司及其家人的私交。

③即使是私下里，也不要随便对同事谈论自己的过去和隐秘思想。除非你已经离开了这家公司，你才可以和从前的同事做交心的朋友。

④如果同事已经成了好朋友，不要常在大家面前和他（她）亲密接触。尤其是涉及到工作问题要公正，有独立的见解，不拉帮结派。

⑤对付特别喜欢打听别人隐私的同事要有礼有节，不想说的坚决说不。

职场上混个脸熟是必要的

一个能力平常的人，若很会编织社会关系网，关键时刻必有"贵人"相助，不论在商场还是官场，都可能心想事成。一个能力较强的人，若不会广交朋友，结识对自己有用的人，也可能一生发不了财，升不了职，壮志难酬。一个人要想在社会上生存、发展，光有才能不行，还要积累"社会资本"。

使自己强大的方式基本上有两种：一种是增加自身的知识、能力、金钱、权力等等；另一种是增加自己的朋友，特别是增加那些有知识、能力、金钱及权力的朋友。前者通过自身力量的增长导致自己强大，后者通过借用周围人的力量使自己强大。一般地讲，强者更加注重前一种，弱者更加喜欢后一种，而智者两种方式都擅长。

斯坦福研究中心曾经发表一份调查报告，结论指出：一个人赚的钱，12.5%来自知识，87.5%来自关系。这个数据是否令你震惊？

在好莱坞，流行一句话："一个人能否成功，不在于你知道什么（what you know），而是在于你认识谁（whom you know）。"在台湾证券投资界，杨耀宇就是个将人脉竞争力发挥到极致的脉客。他曾是统一投资顾问的副总，一年前退出职场，为朋友担任财务顾问，并担任五家电子公司的董事。根据推算，他的身价应该有近亿元（台币）之高。为什么凭他一名从台湾南部北上打拼的乡下小孩，能够快速积累财富？"有时候，一通电话抵得上十份研究报告。"杨耀宇说，"我的人脉网络遍及各个领域，上千、上万条，数也数不清。"

人脉如同金钱一般，也需要管理、储蓄和增值。人人都可以成为善于人脉经营的脉客。

1. 人脉之所以重要的八大原因

一个人的事业成功，80%来自于与别人相处，20%才是来自于自己的心灵。人际关系专家卡耐基曾经说过："一个人快乐与否，85%来自于与他人相处。"人是群居动物，人的成功来自于他所处的人群，所在的社会。人脉就是钱脉，对于每个人来说都是非常重要的。

当然，光是强调人脉的重要性还是不够的，重要的是要知道它为什么重要。以下是 8 大原因：

（1）世界上只有完美的团队，没有完美的个人——优势互补。

世界上只有完美的团队，没有完美的个人。集体的智慧永远大于个人的智慧，集体的力量永远大于个人的力量。一个人即使再完美，也难免会有一些缺点，即所谓人性的弱点。在一个团队当中，每个成员都可以优势互补。

（2）人脉是你墙上的一面镜子。

人脉是一面镜子，可以在你外出赴宴前告诉你，你的穿着应该如何，或是告诉你，你写的"行销企划"、"广告文案"或一些推销技巧是否有效。他们会发现一些你根本没想到的错误，他们会告诉你什么是有趣的，什么是观察入微的，什么是有失礼节的。近朱者赤，近墨者黑。你知道向谁学习，以便改正自己的缺点。

（3）透过人脉了解你的竞争对手。

所谓知己知彼，方能百战不殆。你必须掌握竞争对手的特点、动向。比如他们是否重视教育训练？是否鼓励员工进修以加强他们的技能？他们在同业中的名声如何？是否参加商展？有没有加入商业性组织？你的人脉网是了解这些信息的最佳渠道，而且大部分真实可靠。你的朋友只会帮你，而不会去帮你的竞争对手。你绝不希望自己是最后一个知道这些消息的人。同时，你也知道有一项永远不变的事实：人总爱道长论短。

（4）人脉可以让你了解这个世界，进而丰富你的人生。

检查一下，你的人脉中，有多少人是外国朋友？如果没有，你该去发展发展了。也许你有许多次走出国门的机会。那就是，没有什么比身在国外一个人也不认识的感觉更空虚、更无聊了。你独自一个人走在国外的土地上，却没有一个人可以帮助你体验这个国家真正的文化，没有人邀你到他们家，让你看看他们的实际生活情形。那么，如何才能拥有一个国际性的人脉呢？

①参加国际性的旅行团队。在旅行中，如果你不知如何去认识他，你不妨问一句："你常旅行吗？"你会发现大多数人都喜欢谈他们的旅行经验，于是便能很快为你开启一个全新的世界。

②可从外文图书馆或你的股票交易员那儿取得。在这些地方你可以认识到非常真诚的朋友。

③附近的大学。你可以找到与全世界最有联系的学校或系所。

④如果你正在就学，国际学生组织是最佳的起点。

（5）人脉可以带给你全新的经验及知识。

有一位销售员，从事推广和销售绿色营养食品，他为这个行业服务了8年时间，而且一直孜孜不倦，并以此为荣。8年的工作经验使他成为优秀的营养师和生活教练。身边的朋友常常听他有关营养学和养生之道的高论，潜移默化当中，朋友也学会了许多营养平衡和维护身体健康方面的知识。试想，如果没有这位朋友，很多人局限于本身的专业，很可能一辈子也不知道这方面的知识或经验。

（6）人脉有助于帮助他人。

人脉的建立，不但对那些为自己工作的人十分有用，且对那些为别人工作的人，同样也很有用。许多学校积极聘请成功的学生回母校演讲，因为他们希望这些人能够分享他们成功的经验，或提供就业辅导及建议。一则可以光耀学校，扩大知名度，所谓"今日我以母校为荣，明日母校以我为荣"；二则可以鼓舞士气，带动学生学习的兴趣。

（7）生活保障？不是靠公司，而是靠自己的人脉。

在这里有一个非常重要的观念。那就是无论你在哪里工作，为哪个公司服务，你自己在工作当中所形成的人脉永远是你自己的人脉，你可以随身携带。不管你在天涯抑或海角，你都可以借助你这个人脉开创你自己的事业。你的人脉可以是正式的，也可以是非正式的，也就是说，你可以：

①在工作当中，与你的顾客、同事建立一份亲密的合作关系。

②建立一个"铁哥们系统"，一个互相帮助的人脉。彼此留意对双方有帮助的事情。

（8）人脉可以使你有面子。

知道客户孩子叫什么名字的业务员绝对不会失业。你的关心永远不会白费。"物以类聚，人以群分"这个概念大部分人对它的认识是根深蒂固的。你的人生品质和事业品质决定于你与什么样的人交往。如果你的人脉上有达官贵人，下有平民百姓，而且，当你有喜乐尊荣时，有人为你摇旗呐喊，鼓掌喝彩；当你有事需要帮忙时，有人为你马首是瞻，两肋插刀。你是不是脸上有光，觉得特有面子？

2. 建立人脉讲究原则

现代社会，建立人脉远远不是过去所谓的"拉关系"那么粗俗简单，它包含很多层面的深化，需要用心经营。遵循下面的原则，有助于你顺利扩宽人脉资源。

（1）互惠。

人和人之间都是相互的，所谓"赠人玫瑰手有余香"就是这个道理，如果我们只想拥有而不想给予，那将是一个自私的人，而自私的人是不会拥有真正的朋友的。主动地去帮助对方，并且不要拒绝朋友的帮助，人是越帮忙越近，越不好意思越远。

（2）互赖。

互赖包括：互相依赖、互相信赖。"人"字本身就是一撇、一捺

互相依靠，互相扶持。彼此需要，双方的关系才有可能越来越紧密。

（3）分享。

分享是一种最好的建立人脉网的方式，你分享的越多，你得到的就越多。世界上有两种东西是越分享越多的：①智慧、知识；②力量。

分享有两大好处：①你分享的东西对别人是有用有帮助的，别人会感谢你；②你愿意向别人分享，有一种愿意付出的心态，别人会觉得你是一个正直、诚恳的人，别人愿意与你做朋友。

此外，特别要提醒，不要在意朋友数量的多寡，而要重质，正所谓"人生得一知己足矣"。朋友越多，你也得越多地为朋友忙碌，所谓为朋友忙碌，其实也是为自己忙碌，所谓为自己忙碌，就是将自己分散储蓄在朋友那里，把每一个朋友都变成自己的一部分。别为交朋友而交朋友，生活中的每一个人都是我们的朋友。

3. 如何建立人脉

在竞争激烈的现代商场、职场，每个人都必须不断开发自己的社会关系网络，而成功人士总是比对手具有更庞大和更有力量的人际关系。那么，如何才能成为很有"人脉"的人呢？

（1）建立你的价值。

在盘点人脉关系前，冷静问问自己：你对别人有用吗？你无法被人利用，就说明你不具有价值（比如说，职业规划无非是提升你的"被雇佣价值"），你越有用，你就越容易建立坚强的人脉关系。一位30岁的未婚青年说："我的另一半应该在天平的另一边，我有多重，她就会有多重，我有多少价值，她就有多少价值，所以我要先提高自己的价值，这样我才能找到一个同样价值的老婆，我对老婆的要求就是我对自己的要求。"

（2）向他人传递你的价值。

世界第一的推销员乔·杰拉德在台湾演讲时他把他的西装打开

来，至少撒出了三千张名片。他说："各位，这就是我成为世界第一名推销员的秘诀，演讲结束。"然后他就下场了。

一个老好人，固然有趣但毫无用处，但一个总不愿被人利用的精明人，也难以建立真正的人脉关系。在人际交往中，要善于向别人传递你的"可利用价值"，从而促成交往机会，彼此更深入地了解和信任对方。

在日常社交中，有两种心态不太可取：①自我封闭，傲慢。②愤青心态，以超脱自居。

（3）成为人脉关系的一个枢纽中心。

你很有价值，你身边也有很多朋友各有自己的价值，那么为什么不把他们联系起来，彼此传递更多的价值呢？如果你只是接受或发出信息的一个终点，那么人脉关系产生的价值是有限的；但是，如果你成为信息和价值交换的一个枢纽，那么别的朋友也更乐意与你交往，你也能促成更多的机会，从而巩固和扩大自己的人脉关系。

所以，寻找并且建立自己的价值，然后把自己的价值传递给身边的朋友，并且促成更多信息和价值的交流，这就是建立强有力的人脉关系的基本逻辑。

时间管理观念，要牢记在心

现代生活的快节奏，呼唤着人们的时间意识。守时理应是现代人所必备的素质之一。但是，不守时的情况也经常在我们的身边发生。通知了几点开会，却总有那么几个人迟到；约会时间已到，有人就是不见踪影；要求什么时间要办完哪件事，到时也总有人不能按时完成……诸如此类事情，屡见不鲜，让人心烦。

如果只是偶尔一次，似乎也情有可原，然而仔细观察一下，就会

发现，在某些人身上不守时的事是经常发生的。信息经济时代，时间的价值已远非自然经济和工业经济时代可比。不守时，既浪费了自己的时间，也浪费了别人的生命。

守时就是遵守承诺，按时到达要去的地方，没有例外，没有借口，任何时候都得做到。即便你因为特殊原因不得不失约，也应该提前打电话通知对方，向对方表示你的歉意。这不是一件小事，它代表了你的素质和做人的态度。这里不是要告诉你守时的重要程度，是要告诉你一些它如此重要的原因。如果你对别人的时间不表示尊重，你就不能期望别人会尊重你的时间。一旦你不守时，你就会失去影响力或者道德的力量；但守时的人会赢得职员、助手、顾客……每一个人的好感。

很多人没有时间观念，上班迟到、很少如期交件等等，这些都是没有时间观念导致的后果。时间就是成本，在还是社会新鲜人的时候就养成时间成本观念，将会有助于你日后的晋升和工作效率的提高。若是想要在企业中生存下去，首先必须守时。做一名好的员工，就要时刻记得遵守时间，不要迟到，准时上班很重要，迟到是不能得到谅解的行为，因为这表示你对工作不够重视。一些年轻人刚到公司的时候，对公司的规章制度看得较轻，工作上虽十分卖力，但迟到早退却往往是纪律严明的公司所不能容忍的，因为他们认为守时却未准时到达，会使老板对你的印象一落千丈。常常迟到、早退或是事先毫无告知便突然请假，不但会让事情变得杂乱无章，而且无法得到老板的信任。每个人都希望别人讲信用、守时间，那我们自己又该如何做呢？如何在自己的身边营造出一个守时重信的氛围呢？

借用戴尔·卡耐基的一句话：如果你想结交朋友和有影响力的人就要准时。

1. 没时间不是借口

一个成功的人一日拥有 24 小时，一个失败的人也拥有 24 小时，

不学无术的人同样拥有 24 小时。就时间的长短来说，上天是公平的，但是，把同样的工作交给不同的人，他们完成所耗费的时间却各有不同。有些人办事效率很高，有些却是光说不练，所以最终就不会有什么成就。

结果当然是差别很大。有些人要花上一星期才完成的工作，有些人却只需要一天的时间。为什么会有这样大的差别？这除了学识和能力不同外，同样重要的理由，是时间管理不同。做事效率高的，往往时间管理较佳；而做事效率低的，则时间管理十分差。

很多人都有目标、有理想，但是，那些目标却很令人怀疑。因为他们的梦想和行动脱了节，心中希望得到这样，却没有认认真真去做，问他们为什么，他们最佳的借口就是："没时间。"

无疑，人都很忙碌，包括每一个人，除了日常工作外，还有很多生活琐事。

要使自己向目标迈进，那就一定要做好时间管理。尽早付出时间办事，就可以尽早达到目标。时间管理是追求成功必备的条件之一，一日的时间不多不少，只有 24 个小时，时间管理做得再好，也不能令一日的时间增加一些，可是，却能够使你用得更加有效率，不至于白白浪费。这是成功者必备的素质之一。

2. 时间管理的五大黄金理念

在有效掌握时间观念上，你不得不知道这些时间管理理念：

（1）一日之计在于昨夜，请勤于计划。

农业社会的时间管理观念告诉我们：一日之计在于晨。在当今信息时代，强烈的节奏感告诉我们：早上才开始计划今天的事情，已经太晚了。在昨天离开公司前或是昨天晚上，你就应该把今天计划好。必要的情况下，你可能还得提前一周、一个月、一年乃至几年、十几年来计划今天。

（2）善于利用零碎时间。

阿列斯·伯雷在《怎样度过 24 小时》一书中说："一天 24 小时就像是一只大旅行箱子，只要装东西得法，就可以往里装进两倍之多的物品。方法是开始不要把物品装到箱子中间，而是从边上开始不留缝隙地填充，特别是要先将 4 个角填满，最后再装箱子的中间。如果毫无浪费地利用了 4 个角落的时间，你就可以把一天的时间当成两倍来用。"

（3）尽量将每一件事情一次性就做对。

快，并不代表成功；做错，会离成功更远；敷衍，则只会加重明天的负担。我们有太多的时间其实都被浪费在修改过去的错误上了。

（4）善于分解授权。

为了保证团队高效率的合作，你应该将能由别人替代做的事情尽量分解授权出去，而你则全力以赴去做那些别人无法替代你的更重要的事情。

（5）要懂得说"不"。

很多时候，你的时间都是被别人浪费掉的。还记得电影《陈毅市长》中的那位化学家吗？他在家门口就醒目地写着一句警示语："闲谈不过 3 分钟。"不要让别人浪费你的时间。要对浪费你时间的人和事说"不"。对你来说，也许"不"这个字眼听起来很刺耳，说出来需要很大的勇气。可你知道吗？有时候你说"不"，就是对成功说"是"。

在你的四周潜伏着无数的"盗取时间者"，它们从各种渠道侵入，夺走你宝贵的时间。美国有一项调查数据表明：人们一般每 8 分钟会受到 1 次打扰，每小时大约 7 次，每天 50 ~ 60 次。平均每次打扰大约是 5 分钟，总共每天大约 4 小时，其中大约 50% ~ 80% 的打扰是没有意义或者极少有价值的。

对于这类"盗取时间者"我们应断然地予以击退。方法是可以使用防止对方喋喋不休的关键言辞，诸如"简单地说你的意思是？""你的结论是什么？""请你简明扼要地说……"等等。

当我们养成良好的时间管理习惯之后，渐渐你就会发觉，由于时间观念的改变，你做事的成功率也愈来愈高，你的人生已经慢慢地在改变，让你更加有信心来面对一切挑战。

3. 时间管理的四"象限"

20世纪初，一个名叫艾维·李的人给伯利恒钢铁公司（Bethlehem Steel Company）的创办人施瓦布（Charles Schwab）写了一封信。他在信中说："施瓦布先生，我现在向您推荐一种绝佳的时间管理方法。请试用三个月然后按照您的估价给我的几个点子回寄一张支票。如果一文不值，您也就用不着给我回寄任何东西了。"

三个月后，施瓦布给他寄去了一张金额为25 000美元的支票。艾维·李价值25 000美元的秘密究竟是个什么样子呢？其实他们并不神秘，但却是简单有效的。

（1）每天列出一张数目为十项左右的待办事项清单。

（2）按照优先度，给这些任务排出先后次序，从1～10。

（3）从第一项任务开始，依次按照顺序处理所有代办事项。

（4）万一没有完成，不要紧，因为至少你已经把最重要的事情办好，其余的事情留给明天又有何妨？

这个小故事告诉我们：首先我们要有工作的计划，可能是一天的、一个星期的、一个月的、一个季度的、半年的、一年的、三年的、五年的甚至于一生的，也就是说我们必须知道自己要做什么；然后，依据事情的轻重缓急，进行排序，管理方法中有一种按照重要和紧迫程度对事情进行分类的二维象限方法，采用这种分类方法可以使人们在计划的基础上明晰自己的工作目标；然后，逐一的完成工作。这是一种很好的把握自己的时间，成为高效的时间管理者的使用方法。当然，最重要的是要有积极工作的心态和在第一时间行动的态度。

究竟什么占据了人们的时间？事情的轻重缓急该怎么安排呢？这

些都是经常令人困惑的问题。著名管理学家科维提出了一个时间管理的理论，把工作按照重要和紧急两个不同的程度进行了划分，基本上可以分为四个"象限"：既紧急又重要、重要但不紧急、紧急但不重要、既不紧急也不重要。

表 4.8-1　时间管理的四个"象限"

	重要	不重要
紧急	人事危机 客户投诉 即将到期的任务 财务危机	电话铃声 不速之客 行政检查 主管部门会议
不紧急	新的机会 人员培训 制订防范措施 建立人际关系	客套的闲谈 无聊的信件 个人的爱好

时间管理理论的一个重要观念是，应有重点地把主要的精力和时间集中地放在处理那些重要但不紧急的工作上，这样可以做到未雨绸缪，防患于未然。在人们的日常工作中，很多时候往往有机会去很好地计划和完成一件事，但常常却又没有及时地去做，随着时间的推移，造成工作质量的下降。因此，应把主要的精力有重点地放在重要但不紧急这个"象限"的事务上是必要的。要把精力主要放在重要但不紧急的事务处理上，需要很好地安排时间。一个好的方法是建立预约。建立了预约，自己的时间才不会被别人所占据，从而有效地开展工作。

每一个人都有无限的可能和无限的力量。**在这个世界上成功的人，其实都只是懂得把握时间的人，因为只要每天进步一点点，事实上距离梦想就不会太远；每天只需要求自己进步一点，一年 365 天，你就会发现已经超越以前的自己。**从今天起，面对人生或工作时，不要浪费时间，要珍惜时间，同时也要善于利用时间，让时间有价值地增长。

第五章

这十年，要学会掌控自己的经济

投资理财是成功人生的必学课

不同的人对成功的定义自然有不同的理解。李嘉诚对成功的看法有独到的见解，他说："20 岁以前，所有的钱都是靠双手勤劳换来，20 至 30 岁之间是努力赚钱和存钱的时候，30 岁以后，投资理财的重要性逐渐提高，到中年时赚的钱已经不重要，这时候反而是如何管钱比较重要。"

生命是人生最宝贵的财富，时间就是履行人生价值的唯一轨道。古语常说"一年之计在于春，一日之计在于晨"。因此，及早规划人生大计，是延长生命、增值生命的重要方法。

初入社会的年轻人，对于手中的钱财，常会停留在学生时期有多少花多少、想买什么就买什么的阶段，甚至因为可以利用银行借贷，而随意扩张信用，造成负债累累、入不敷出的窘境。大学毕业前，他们是父母辛苦赚来的钱的消费者，毕业后情况完全发生了改变。他们得自己挣钱养活自己，只能在不超出收入的水平上进行消费。他们得根据现有的经济实力，形成自己能承受的生活方式。

年轻人必须在能够承受的基础上，作出合理的决策。不论是房屋、家具、汽车、衣着，还是娱乐，都要与现状吻合。他们必须考虑，是在收入范围内选择现代的生活方式、做出决策，还是继续依靠父母支付账单；是享受不必要的高消费，还是理智、耐心地期待美好时刻的到来。

动物学家曾经做了一个有趣的试验：抓一群跳蚤放在置有跳蚤食物的玻璃杯里，再用玻璃盖住。发现每只跳蚤都在不停地用力往上跳，每一只都会撞到玻璃盖（我们虽然不是跳蚤，但是料想跳蚤用力

撞到玻璃盖时一定很痛）。一个小时以后跳蚤依然在跳。因为动物都有学习的本能，撞痛几次以后，跳蚤发现跳轻一点就不会撞到玻璃盖，跳一半或者三分之一就可以了。三天以后，动物学家把玻璃盖拿掉，发现跳蚤都还在往上跳，但是没有一只跳蚤会跳到杯外来，因为它们已经"习惯了"轻轻跳。

对于现在年轻人的生活现状，正如那些"习惯了"轻轻跳的跳蚤一样。我们上班族已经过习惯了"早八晚五"的生活变成了"三等人"：等下班、等薪水、等退休。习惯了"两点一线""坐井观天"的生活。

公务员的铁饭碗也有被打破的一天。好单位的职工也在面临裁员；就是当官，如今的官也难当了。"失业下岗"是21世纪最时髦的名词。再也没有一票到底的"职场车票"了。贫穷是因为脑袋贫穷，上班族生活不是我们唯一的选择。

愚者等待机会，智者抓住机会，成功的人则是创造机会。真正的财富不是口袋里有多少钱，而是脑袋里有多少东西。如何获得财富，值得我们好好思索！

正值二三十岁的你，可能处于挥汗打拼阶段，心中企盼着有钱又有闲的好日子赶快到来。虽然年轻人往往不及上一辈人的储蓄多，但我们年轻人最大的资本就是年轻。年轻人有足够长的时间让资本随时间增值，而这是上一辈人花钱也买不到的。作为一名投资者，时间是最宝贵的，因为时间能使微小的投资通过复利随着时间逐渐增长。因此，越早开始投资越有利，年轻人应该充分利用年轻的优势，循序渐进地储蓄、投资。

20～30岁是人生精力最充沛的年龄阶段，也是人生财富的重要积累期。对于出生于上世纪70年代或80年代的年轻一代而言，有的刚走出校门，工作上是职场新人，生活中是"月光一族"（每月工资花光光）；有的恋爱多年，婚姻大事提上日程，但却因缺乏稳固的经济

基础而面临尴尬；有的组建了家庭，上有老人赡养、下有小孩抚养，承担的责任越来越重，惟有努力赚钱才能改善居住条件。那么，年轻人该如何理财呢？

1. 培养正确的消费习惯

建议年轻人制订一个明确的消费计划，极力避免非理性消费，以此为自己理财积累"弹药"，同时培养良好的理财习惯，这可以始于每月坚持将自身收入的一定比例进行投资。过日子要精打细算，这永远是最经典的理财规则。小家庭谁来主管财务做好分工，有分工才有人负责。记帐是进行理财的第一步，即使最简单的流水帐也能记录下钱都花到什么地方去了，这是下一步规划的基础。而且，帐目清晰公开，有助家庭和睦。

2. 掌握必须的金融常识和常见金融产品的知识

包括了解常见的金融产品如储蓄、债券、基金、股票、外汇等等。包括关心国家宏观经济形式、甚至天气，比如雪灾等。包括留意国内、国际重大事件，石油、黄金价格的变化等。感觉这很无聊么？至少比玩麻将或者追星更有意义，特别是，它们和你的生活息息相关。

3. 转变观念培养正确的理财意识

年轻人在理财问题上首先需要改变观念，即钱都不够花，无需理财。在改变观念之前，年轻人应该反思自己的一些消费习惯。在上学期间，花的是父母的钱，还能有所节制，现在自己赚钱了，花起来往往就没有一个限度，不假思索地买这买那，不考虑消费给自己带来的实际后果。其实早有研究表明，一个人富有的程度在很大程度上取决于他的支出而不是收入。

这些理财观念的获取可以通过看书、看网站，但其实家中老人通常都是我们最直接的老师，很多理财观念由来已久。比如：量入为出，开源节流。

4. 不断学习投资知识和技巧

除了树立理财目标，年轻人还要不断学习理财知识、提高理财技能。学习理财知识有助于充分认识理财的重要性，形成良好的理财习惯。没有学习过财务知识的年轻人可以学习一点最基本的会计、金融知识。除了不断了解各种金融工具、理财渠道和方法以外，还要积极关注现实中的投资机会，养成每天阅读财经新闻的习惯。最后，年轻人要多和别人交流，尤其要注意和理财高手交流，不断拓宽自己的眼界。

通过投资谋取保值增值，最终达到财务自由，这是一件终身要做的事情，要花费时间和精力，要不断提升自己，丰富自己，不断面临挑战。而这，也最能体验人生的乐趣。

5. 选择渠道谨慎投资

年轻人在理财时还要注意合理选择投资工具与渠道。一定要根据自己的资金实力、理财经验和承担风险的能力理性选择理财产品，切忌为了追求短期高额回报，盲目进行高风险投资。很多年轻人盲从别人，将自己的全部收入投入到股市，导致血本无归；也有人在没有做好全面的调查评估之前，就将积蓄投入一些实业投资，如酒吧、饭店等，最后往往经营不善不得不忍痛退出。年轻人在早期可以选择较为稳健的投资策略，以积累为主，并且根据自己资金的丰裕程度构建一个较为稳健的投资组合。

6. 巧用基金是理财的不错选择

基金作为近年来新出现的一种投资工具，是年轻人进行理财的最佳选择之一。基金本身并不复杂，聪明的年轻人稍加学习即可基本掌握它的内涵，可以根据自身的资金实力和风险承受能力，将准备长期持有的收入定期购买业绩较好的成长型或稳定型基金，也可以将自己手头上的部分活期存款购买货币市场基金。

7. 制订一份长期的理财规划

这是整个理财的核心。最好请专业人士帮你量身定做一套适合你自身和家庭的理财计划。因为理财涉及到财会、金融、税务、保险、法律等多个方面的知识。而且，有些事情本来就是旁观者清。举例来说，原来居住的旧房目前出租收益很低，未来也没有升值的潜力，理财师可能根据目前房产的走势建议你把它卖掉，换回资金进行其他投资。而你自己，可能下不了这个决心，因为多年住出了感情。

当然，不是所有人都需要请专业人士制订理财规划，但是你自己至少也应该有个较长时间的打算，什么时候该花什么钱，什么钱从哪里来。

这样才能避免生活的盲目性，特别要注意脑子里一直保持风险防范意识。

而且，这个规划决定你的投资计划。包括：该做什么样的投资，是基金还是股票？应该投多少？应该选择什么类型的股票？是短线、中线，还是打算长期持有？有了这样从上到下的安排才会做到心中有数，即使面对调整，可以保持一个良好的心态。而良好心态，则是投资成功的关键因素之一。

年轻人要尽早认识到理财的重要性，严格要求自己养成良好的理财习惯，树立明确的理财目标，并通过不断学习来丰富自己的理财知识和提高自己的理财能力，最终实现自己的财务梦想。**甚至可以说，理财到最后实际上是一种生活。请趁年轻的时候就开始学会怎样理财！**

不要为了稳定而苦守住"鸡肋"

很多年轻人大学毕业后，便顺利地谋到了一个门槛较低、相对轻

闲的工作。他们大都在公司里从事行政、助理等辅助性的工作，没有机会深入接触业务，工作职责比较宽泛，挑战性不强。结果是，在没有压力的环境下养尊处优，每天重复着简单、琐碎而没有挑战性的工作，学习充电的机会较少，与外界社会的联系机会不多，无形中造成职业竞争力下降。随着年龄的增长，面临着要跟一帮师弟、师妹们抢饭碗的危险，此时他们不肯放低原有身价，再去寻找工作机会，眼下的工作就成了鸡肋。

1. 是什么让工作变成"鸡肋"

当目前的职业已经不再是你实现理想、放飞激情的载体，当单调机械的工作节奏、紧张压抑的工作环境已经让你忍无可忍，当微薄的、长期静止的收入让你越来越不满意，你的职业便成了一块"食之无味、弃之可惜"的鸡肋，离开的念头自然而然在你的脑海里萌发、生长，直至你就要作出决定……

（1）重复式工作的倦怠感。

"如果可以重新选择，我宁愿回到老家水乡做一个船家女。"来自浙江的周敏仰望着办公室顶楼上的蓝天，幽幽地说。周敏是一家软件公司的媒介经理，每周忙于处理公司跟各个媒体的关系，得体的职业装穿在她身上风姿绰约，在外人看来这是一份很体面的工作。可是，只有她自己知道其中的苦涩和无奈："干了四五年，除了公司的财务报表数字增长外，我觉得自己却一无所有，我真的不想再这么做下去了。可是即使是换工作，除了类似性质的工作，我还能做什么呢？连我都不知道。"

（2）含金量低的危机感。

作为某跨国公司的销售代表，吴明两年内被动和主动的跳槽累计起来高达六次，在历经因公司业绩下滑、倒闭或兼并而不断寻找新公司和新职位的奔波后，吴明身心疲惫："我很努力做事，就希望现在公司的财务表现良好而不裁员，因为每次最先被裁的就是我们这种对

于公司发展无足轻重的人，少一个或几个销售代表对公司的发展根本没有影响。我现在的压力真的很大，我想我快要倒下了。"

（3）糊口为生的无奈感。

"说实话，考上大学报考志愿时，我就不知道自己该学什么，毕业找工作的时候，我也不清楚自己到底要做什么。"眼神迷茫的米莱慨叹，"但为了生存，我必须有个工作，于是，我就到了这家公司。每天对着一大堆毫无兴趣的琐碎事，我很快就厌倦了，总是提不起精神。工作对我而言，已经成为嚼之无味、弃之可惜的鸡肋。"一个月几千块钱的收入，起码能让米莱在这个无亲无故的城市生存下去，所以即使再无味，她也不敢轻易放弃。

（4）难以晋升的无望感。

28 岁的李琳感觉自己已经老了，虽然对前途充满了担忧，却已经没有了打拼的勇气。"我觉得自己虚耗了 3 年光阴，这 3 年里，我已经足够努力，可是，机会从来不垂青于我！"两年前，经理升职，本以为自己升经理是毫无悬念的事，但是，公司竟然把位置给了新招聘进来的一个硕士毕业生。"理由很简单——学历高。"李琳无奈地说。自己学历一般，工作也只是中规中矩，能够拿到一份不错的薪水已经该偷笑了，而觊觎自己位置的人也不在少数。于是，她只能小心翼翼地做着几年如一日的行政琐事，生怕一个不小心就丢了饭碗。

2. 坚持还是放弃

食之无味，弃之可惜——坚持还是放弃？在选择之前，一定要把理由想清楚。

那么是否现在要丢弃这个工作，不能盲目下决定，而要结合现实情况出发。

首先，需要对自己有客观了解，自己对于工作的价值观是什么，自己想要怎么样的生活，不能为了换工作而换；自己对于目前不能坚持下去的原因是什么，避免以后走回头路；自己的性格特质、

兴趣爱好等对职业选择有什么影响；自己目前的优劣势以及竞争力在什么位置。

其次，需要对职场现状有系统的了解。职场各行业岗位相关背景，各行业的生存现状和发展趋势，及自己目前的行业状况；不同岗位的工作内容职责及发展轨迹；以及行业岗位之间的相关联性，自己目前所处行业岗位与哪些行业岗位有相关连性；各行业岗位对于人才各有什么要求，目前状况下，市场需求量如何。

再次，根据自身现有的情况结合职场现状，以及家庭背景经济情况等因素给自己制定切实可行的职业规划。明确自己目前的情况适合往哪里走，核心竞争力在什么位置，可以往哪里走，还欠缺什么，需要怎么补救。如果自己目前的竞争力不足以顺利转换，那么需要先进行积累的过程，等到时机到了再换，保证自己最低限度的风险。如果是目前时机已经到了，但是家庭经济负担比较重，自己不能出现无薪资的空挡期，那么还是"骑驴找马"，尽可能减少经济损失。当然，要考虑的不仅仅是这些，还是要综合考量。比如，市场需求量等其他因素，自己要转换的行业岗位的需求量的现状如何。

工作最基本的目的是保证生存，当然，仅仅为了生存，而抛弃自己所有的要求，那么也是坚持不了多久的。鸡肋工作之所以为鸡肋，正是因为不吻合自身的对于工作的价值观，时间长久了就会感到痛苦。但是，要丢弃鸡肋工作，一时半会可能也下不了决心。但是时间越拖越久，就更难改变。当然，个人背景情况都不一样，万不能盲目下决定，一定要客观的从现实情况出发。

3. 让"鸡肋"变"鸡腿"

如果你发觉自己的工作有变成"鸡肋"的危险，那么，与其在食之无味、弃之可惜之间摇摆不定，还不如早作准备，抓紧时间充电，掌握某一方面的专业技能，尽快实现职业转型。

（1）树立新的工作观。

137

对工作的投入和自我实现的价值观更能帮助职场人走向成功，因而，树立"事业——职业——职位"的工作观，才会让工作有远大的目标，让每天的辛劳变得有意义，使自己最后赢得职位。反之，如果只盯住职位、薪酬本身，目光不免显得短浅，维系职业的长足发展就难了。

（2）随时充电，提升核心竞争力。

创造并把握好能够更新知识的机会，提升自己的工作能力，除了做好本职工作，拓展自己的其他能力。

（3）少梦想，多计划 。

考虑清楚有关自己理想职业的每一件事——从工作形式到工作环境，然后确定自己所追求职业的标准或目的。你可以观察一下是否能调到另一个部门，或者先谋个较低的职务，然后找机会进修，最低限度，也要找出妨碍你日后发展的不利因素。谨记，循序渐进是改变不称心工作的最好方法。

（4）体验成长的快乐。

每天在开始工作之前要想两件事，一件是自己今天的工作目标是什么？一件是自己今天会有哪些收获和从工作中学到什么。"创新"是保持组织长盛不衰的最基本的原动力之一，对我们个体来说同样重要。持续创新、持续成长，我们才能从内在获得职业自信，从而打造属于自己的辉煌职业前景。

（5）让自由的空气充盈心中。

想象自己是个独立的承包者，你的雇主是位大客户，然后合理分配你的时间，以达到不仅满足客户所需，而且还可从各方面发展自己的目的。

（6）寻找工作外的成功。

把自己的爱好和业余活动当做本职工作一样认真对待，并同样引以为豪。迫于压力，许多人只把来自办公室的成绩看成真正的成功，只知道拼命工作，甚至不惜牺牲休息和娱乐的时间，结果难免对工作

产生反感。如果你把自尊系于你的工作之外，工作受挫时，就容易保持一种积极的态度。

　　每一种生活都自有它的代价。关键在于你愿意付出哪一种代价，并能够承受结果。或者，如果自己不甘心就接受这样的生活，那就试试从今天开始去做点什么以求得改变。可以是培养自己所欠缺的能力，也可以是去寻求他人的帮助。总而言之，一定要有行动，哪怕只是在点滴之间。只要开始了，就离你的梦想更近了一步，而不是在怨叹中虚度光阴。无论最终你作了什么样的选择，只要能为自己的选择负责，就可以坦然地面对生活。

　　用这段哲人的话与正在奋斗中或正在迷惘中的年轻人共勉：**请赐给我宁静的心，去接受我所不能改变的一切；请赐给我勇气，去改变我所能改变的一切；并赐我以智慧，去认清这二者之间的分别。**

每个人都必须掌握的财富观念

　　由于年轻人接触新鲜事物比较多，容易受到外围环境的影响，往往在投资路上半途而废。而投资是贵在坚持，因此年轻人应该摒除外界的诱惑，坚持自身定好的投资计划。

　　理财的关键是合理计划、使用资金，使有限的资金发挥最大的效用。这里有五种关于财富的观念，也许你能因此获得通向财富之门的万能钥匙。

　　1. 理财重在规划，别让"等有了钱再说"误了你的"钱程"

　　要圆一个美满的人生梦，除了要有一个好的人生目标规划外，也要懂得如何应对各个人生不同阶段的生活所需，而将财务做适当计划及管理就更显其必要。因此，既然理财是一辈子的事，何不及早认清

人生各阶段的责任及需求，制订符合自己的生涯理财规划呢？

一生理财规划应趁早进行，以免年轻时任由"钱财放水流"，蹉跎岁月之后老来嗟叹空悲切。

（1）求学成长期：这一时期以求学、完成学业为阶段目标，此时即应多充实有关投资理财方面的知识，若有零用钱的"收入"应妥为运用，此时也应逐渐建立正确的消费观念，切勿"追赶时尚"，为虚荣物质所役。

（2）入社会青年期：初入社会的第一份薪水是追求经济独立的基础，可开始实务理财操作，因此时年轻，较有事业冲劲，是储备资金的好时机。从开源节流、资金有效运用上双管齐下，切勿冒进急躁。

（3）成家立业期：结婚十年当中是人生转型调适期，此时的理财目标因条件及需求不同而各异，若是双薪无小孩的"新婚族"，较有投资能力，可试着从事高获利性及低风险的组合投资，或购屋或买车，或自行创业争取贷款，而一般有小孩的家庭就得兼顾子女养育支出，理财也宜采取稳健及寻求高获利性的投资策略。

（4）子女成长中年期：此阶段的理财重点在于子女的教育储备金，因家庭成员增加，生活开销亦渐增，若有扶养父母的责任，则医疗费、保险费的负担亦须衡量，此时因工作经验丰富，收入相对增加，理财投资宜采取组合方式，贷款亦可在还款方式上弹性调节运用。

（5）空巢中老年期：这个阶段因子女多半已各自离巢成家，教育费、生活费已然减少，此时的理财目标是包括医疗、保险项目的退休基金。因面临退休阶段，资金亦已累积一定数目，投资可朝安全性高的保守路线逐渐靠拢，有固定收益的投资尚可考虑为退休后的第二事业做准备。

（6）退休老年期：此时应是财务最为宽裕的时期，但休闲、保健费的负担仍大，享受退休生活的同时，若有"收入第二春"，则理财更应采取"守势"，以"保本"为目的，不从事高风险的投资，以免

影响健康及生活。退休期有不可规避的"善后"特性，因此财产转移的计划应及早拟定，评估究竟采取赠与还是遗产继承方式应符合需要。

上述六个人生阶段的理财目标并非人人可实践，但人生理财计划也决不能流于"纸上作业"，毕竟有目标才有动力。若是毫无计划，只是凭一时之间的决定主宰理财生涯，则可能有"大起大落"的极端结果。财富是靠"积少成多"、"钱滚钱"地逐渐累积，平稳妥当的生涯理财规划应及早拟定，才有助于逐步实现"聚财"的目标，为人生奠下安定、有保障、高品质的基础。

2. 没人是天生的高手，能力来自于学习和实践经验的积累

常听人以"没有数字概念"、"天生不擅理财"等借口规避与每个人生活休戚相关的理财问题。似乎一般人易于把"理财"归为个人兴趣的选择，或是一种天生具有的能力，甚至与所学领域有连带关系，无商学领域学习经验者自认与"理财问题"绝缘，而"自暴自弃"，"随性"而为，一旦被迫面临重大的财务问题，不是任人宰割就是自叹没有金钱处理能力。

事实上，任何一项能力都非天生具有，耐心学习与实际经验才是重点。理财能力也是一样，也许具有数字观念或本身学习商学、经济学等学科者较能触类旁通，也较有"理财意识"，但金钱问题乃是人生如影随形的事，尤其现代经济日益发达，每个人都无法自免于个人理财责任之外。

现代经济带来了"理财时代"，五花八门的理财工具书多而庞杂，许多关于理财的课程亦走下专业领域的舞台，深入上班族、家庭主妇、学生的生活学习当中。随着经济环境的变化，勤俭储蓄的传统单一理财方式已无法满足一般人需求，理财工具的范畴扩展迅速。配合人生规划，理财的功能已不限于保障安全无虑的生活，而是追求更高的物质和精神满足。这时，你还认为理财是"有钱人玩金钱游戏"，

与己无关的行为，那就证明你已落伍，该急起直追了！

3. 投降各种诱惑，不良理财习惯可能会使你两手空空

在我们身边不时地看到这样的人，他们固定而常见的收入不多，花起钱来每个都有"大腕"气势，身穿名牌服饰，皮夹里现金不能少，信用卡也有厚厚一叠，随便一张刷个两下子，获得的虚荣满足胜于消费时的快乐。

面对这个消费的社会，要拒绝诱惑当然不是那么容易，要对自己辛苦赚来的每一分钱具有完全的掌控权就要先从改变理财习惯下手。"先消费再储蓄"是一般人易犯的理财习惯错误，许多人生活常感左入右出、入不敷出，就是因为你的"消费"是在前头，没有储蓄的观念。或是认为"先花了，剩下再说"，往往低估自己的消费欲及零零星星的日常开支。对中国许多的老百姓来说，要养成"先储蓄再消费"的习惯才是正确的理财法，实行自我约束，每月在领到薪水时，先把一笔储蓄金存入银行（如零存整取定存）或购买一些小额国债、基金，"先下手为强"，存了钱再说，这样一方面可控制每月预算，以防超支，另一方面又能逐渐养成节俭的习惯，改变自己的消费观甚至价值观，以追求精神的充实，不再为虚荣浮躁的外表所惑。这种"强迫储蓄"的方式也是积攒理财资金的起步，生活要有保障就要完全掌握自己的财务状况，不仅要"瞻前"也要"顾后"，让"储蓄"先于"消费"吧！切不可先消费尽情享受人生，等有了"剩余"再去储蓄。

4. 树立坚强信念，投资理财不是有钱人的专利

在我们的日常生活中，总有许多工薪阶层或中低收入者持有"有钱才有资格谈投资理财"的观念。普遍认为，每月固定的工资收入应付日常生活开销就差不多了，哪来的余财可理呢？"理财投资是有钱人的专利，与自己的生活无关"仍是一般大众的想法。

事实上，越是没钱的人越需要理财。必须先树立一个观念，不论

贫富，理财都是伴随人生的大事，在这场"人生经营"过程中，愈穷的人就愈输不起，对理财更应要严肃而谨慎地去看待。

不要忽视小钱的力量，就像零碎的时间一样，懂得充分运用，时间一长，其效果就自然惊人。最关键的起点问题是要有一个清醒而又正确的认识，树立一个坚强的信念和必胜的信心。我们再次忠告：理财先立志——不要认为投资理财是有钱人的专利——理财从树立自信心和坚强的信念开始。

5. 不要奢求一夕致富，别把鸡蛋全放在一个篮子里

有些保守的人，把钱都放在银行里生利息，认为这种做法最安全且没有风险。也有些人买黄金、珠宝寄存在保险柜里以防不测。这两种人都是以绝对安全、有保障为第一标准，走极端保守的理财路线，或是说完全没有理财观念；或是也有些人对某种单一的投资工具有偏好，如房地产或股票，遂将所有资金投入，孤注一掷，急于求成，这种人若能获利顺遂也就罢了，但从市面有好有坏波动无常来说，凭靠一种投资工具的风险未免太大。

不管选择哪种投资方式，上述几种人都犯了理财上的大忌：急于求成，"把鸡蛋都放在一个篮子里"，缺乏分散风险观念。

目前的投资工具十分多样化，最普遍的不外乎有银行存款、股票、房地产、期货、债券、黄金、共同基金、外币存款、海外不动产、国外证券等，不仅种类繁多，名目亦分得很细，每种投资渠道下还有不同的操作方式，若不具备长期投资经验或非专业人士，一般人还真弄不清呢。因此我们认为，一般大众无论如何对基本的投资工具都要稍有了解，并且认清自己的"性向"是倾向保守或具冒险精神，再来衡量自己的财务状况，"量力而为"选择较有兴趣或较专精的几种投资方式，搭配组合，"以小博大"。投资组合的分配比例要依据个人能力、投资工具的特性及环境时局而灵活转换。

"投资组合"乃是将资金分散至各种投资项目中，而非在同一种

投资"篮子"中作组合，有些人在股票里玩组合，或是把各种共同基金组合搭配，仍然是"把所有鸡蛋放在同一个篮子里"的作法，依旧是不智之举啊！

口袋有闲钱为未来保驾护航

每个人都必须工作以求生存，但是有许多人很幸运，能够赚得比他们立即需要的还要多的钱。他们应该如何处理这些额外的收入呢？尽管把钱全花在自己想买的东西上是很诱人的，但我认为最好至少把一部分的额外收入存起来，以备将来之需。

通过存钱，人们手里会有一些闲钱，更能获得更多的安全感。未来是无法预测的，或许有一天我们会失业。碰到像这样的情况，存款可以让我们免去许多痛苦，帮助我们渡过难关。此外，存钱可以使人积累较多的钱，可以用于买更有价值的东西，比马上把钱花掉所能买到的东西更有用。例如，我们可以用存款买房子。最后，存钱能帮助我们培养设定目标及为未来作计划的习惯。如此一来，我们一定会过着更有意义并且更成功的生活。

大部分的人会想要马上享用手边的钱。没有人想等到以后再买想要的东西。然而，如果我们学会存钱，未来可以获得更多的好处。我们将过着更有安全感而且更快乐的生活。我们也能购买我们真正想要但现在无法负担的东西。

现在大多数年轻人都是属于收入月月用光的"月光族"，在吃、穿、娱乐、上网游戏以及购买数码产品方面"一掷千金"的"月光族"中，越来越多的人开始对未来产生危机感，强迫自己痛苦"转型"，养成存钱的习惯。

　　刘敏是个典型的 80 后"月光族"。单身的她月收入虽有 3 000 元，但每月花在名牌服装和化妆品上的钱却超过 2 000 元，加上隔三差五和同事们下馆子聚餐，刘敏每月的收入总是入不敷出，甚至每月还要父母"赞助"近千元。然而，随着身边好友逐渐迈入婚姻殿堂后，刘敏开始考虑到未来，计划摆脱"月光族"，开始存点钱。

　　同样因产生危机感而决心"转型"的杨文每月收入 2 500 元左右。曾为"月光族"的他，在下决心存钱后，第一个月，试着存了 100 元钱。为了表决心，他还把这 100 元存了 3 个月的定期！月底发现，少了这 100 元，自己的生活并没有什么变化。到了第 2 个月，他又存了 200 元的 3 个月定期存款，第 3 个月的时候，杨文一下子存了 300 元。3 个月下来，杨文发现存钱对自己的生活影响并不大，更是坚定了继续存钱的决心。

　　我们都知道花钱是一件痛快的事情。但存钱却是一个漫长的过程。没有辛辛苦苦的攒钱，哪来痛痛快快的花钱，所以真正手里有可观闲钱的年轻人不多。但我们是不是有很多次因为眼前小利而过早的放弃了继续存钱呢？大多数人不是天才，也没有天生过人之处，我们中的一些人后天之所以有所成，全赖于他们的平日的积累。积累是一个漫长的过程，就像是存钱：一枚枚的硬币攥在手里，再把他们丢在罐里，日积月累，就有了整罐钱；相反，如果平日里不存钱或是存的少，用时罐子里面不是没钱就是钱不够，就像一个穷光蛋下馆子一般了。

　　年轻人也不乏有远见之士，现实的残酷逼得他们为自己的未来做打算，深刻地意识到必须存点闲钱未来才有保障。在为数众多的转型者中，他们所掌握的存钱的妙招比比皆是。除了定期储蓄外，他们还通过每月记账、上网寻找打折商品、尽量不用信用卡、积攒每一个硬币、为奢侈品建立一个"等待时间表"等途径，努力省下每一笔钱并存入银行。

事实上，之所以成为"月光族"，其中一个很重要的因素是月光族自制力太差，做事没有计划性。因此，建议"月光族"在每日记账的基础上分析自己的支出结构，采用强制储蓄的方式，每月一发工资，就先把这部分钱从日常支出中扣除，储蓄率应该在20%以上为宜。此外，零存整取、基金定投、适当持股等投资，收益也是非常可观的，小资金也能积累大财富，从中享受投资带来的乐趣。

此外，除了掌握一些存钱的妙招之外，还提倡属于"月光族"的年轻朋友们要养成良好的存钱习惯，下面归纳的六种习惯不妨应用到实际生活中，必定获益良多。

1. 记录财务情况

能够衡量就必然能够了解，能够了解就必然能够改变。如果没有持续的、有条理的、准确的记录，理财计划是不可能实现的。因此，在开始理财计划之初，详细记录自己的收支状况是十分必要的。一份好的记录可以使你：

（1）衡量所处的经济地位——这是制定一份合理的理财计划的基础。

（2）有效改变现在的理财行为。

（3）衡量接近目标所取得的进步。特别需要注意的是，做好财务记录，还必须建立一个档案，这样就可以知道自己的收入情况、净资产、花销以及负债。

2. 确定净资产

一旦经济记录做好了，那么算出净资产就很容易了——这也是大多数理财专家计算财富的方式。为什么一定要算出净资产呢？因为只有清楚每年的净资产，才会掌握自己又朝目标前进了多少。

3. 了解收入及花销

很少有人清楚自己的钱是怎么花掉的，甚至不清楚自己到底有多少收入。没有这些基本信息，就很难制定预算，并以此合理安排钱财

的使用，搞不清楚什么地方该花钱，也就不能在花费上做出合理的改变。

4. 削减开销

很多人在刚开始时都抱怨拿不出更多的钱去投资，从而实现其经济目标。其实目标并不是依靠大笔的投入才能实现。削减开支，节省每一块钱，因为即使很小数目的投资，也可能会带来不小的财富，例如：每个月都多存 100 元钱，结果如何呢？如果 24 岁时就开始投资，并且可以拿到 10% 的年利润，34 岁时，就有了 20 000 元钱。投资时间越长，复利的作用就越明显。随着时间的推移，储蓄和投资带来的利润更是显而易见。所以开始得越早，存得越多，利润就越是成倍增长。

5. 制定预算，并参照实施

财富并不是指挣了多少，而是指还有多少。听起来，做预算不但枯燥，烦琐，而且好像太做作了，但是通过预算可以在日常花费的点滴中发现到大笔款项的去向。并且，一份具体的预算，对我们实现理财目标很有好处。

6. 明确价值观和经济目标

了解自己的价值观，可以确立经济目标，使之清楚、明确、真实，并具有一定的可行性。缺少了明确的目标和方向，便无法做出正确的预算；没有足够的理由约束自己，也就不能达到你所期望的 2 年、30 年甚至是 40 年后的目标。

我们都在为未来奋斗，思索着未来何去何从，谁都想存点闲钱好保障未来。事实上也确实是如此，我们每个人都在为明天存钱，只是有的人存的少，有的人存的多。存的多的人每天放进钱罐的钱多，日复一日就越觉得自己的钱罐小，装不下自己需要的钱，因此存钱多的人就换了大一些的存钱罐，以便继续存更多的钱；而存的少的人每天装进钱罐的钱少，日复一日，就越觉得自己的钱罐大，抱怨老是装不

满。因此存钱多的人就换了个小一些的存钱罐，因为这样看起来他似乎更接近存满一罐，但他存的钱也就越来越少。日子久了，存钱多的人存的钱越来越多，他也就越来越爱存钱。而存钱少的人存的钱越来越少，他也就失去了继续存钱的欲望。

花钱需要存钱，存钱为了花钱。**为保障未来的美好生活从今天起就开始装满自己的存钱罐吧。**

做个不为生活所累的财务自由者

"不必再为积累财富发愁。愿意上班就上班，想做什么就做什么，想买什么就买什么，反正下半生不再为金钱发愁了"。这种自由的生活境界可以说是都市人的共同向往。这在经济学上有个术语，即财务自由。

如今大多数年轻人在这关键的十年都是勤恳的工薪族，工薪族都想找出路摆脱财务的困扰，可是究竟怎样才能让自己真正实现财务自由呢？很多工薪族想一步到位成为企业拥有人，做老板。他也许能酬到资金、也许能找到项目，也许有能力开个商店、也许有能力装修、也许有能力雇员工……都可以。他以为这样可以一步到位成为生意拥有人。但是他真的不知道这里面白手起家的风险有多大，而且他往往这个时候，他自己没有技能、没有经验，就盲目去投资想做一个生意拥有人，所以99%的可能性要倒闭。

首先年轻人要考虑的是，你有没有足够的技能使得你能在这个象限中生活的很好。如果你所拥有的技能不是很赚钱；或者虽然很赚钱，但你的技能在同行间不够出类拔萃；或者你的年龄优势正在丧失，你都很难在这个象限生活的很好。技能或经验不足不能靠自由职业谋生。很多人盲目成为自由职业者，然后发现过得还不如

工薪族。

但是，提醒众多的年轻人不要盲目地以为自己是投资者。存个5、6万块钱就想做投资者，盲目把货币抛出去，想做投资者，充其量是个投机者。没有哪个趁5、6万买股票说买而不卖的，这叫炒股。买而炒这叫投机者，买而不炒的叫投资者。不成熟、没那么多资本、眼光还不够，都不能成为投资者。你真的有很多钱，购买一个绩优股放在那，每年就靠年底这个企业的股票分红、配股，你觉得比银行存款要好。这叫投资者象限。

所以作为一个工薪族，你不要盲目地靠自由职业谋生，你也不要盲目地投资做生意，你更不要自以为你自己是投资者。盲目进入自由职业者象限，你没有技能、没有经验也不行；你盲目去做生意，你想白手起家，风险太大了；你想盲目进入投资者象限，你没有本钱，你充其量是个投机者。

工薪族要如何才能达到财务自由？

财务自由是人们对待财富的一种观点，很多人在谈到财务自由时，总是认为拥有最多的钱和尽情的消费才是财务自由，实际上这是人们的一种误解。真正的财务自由，是在现实的财务基础之上，在未来驾驭、运用投资技能和理财之道，以宽松的心情去实现和满足自己可以达到的未来人生目标。

在进行投资理财时，首先梳理一下自己的财务状况和未来的资金需求。对自己现有的储蓄状况和收支状况有一个清楚的认识，以确定在进行理财中可以运用的资金。同时，对未来的家庭目标有一个清晰的定位，也就是未来我们要做什么，以确定现在如何去准备。了解了自己，了解了自己未来的梦想，也就有了追求美好生活的动力，才能去勾画自己的美好人生。

想要做个财务自由者，首先你要养成理财的好习惯。

1. 强制储蓄

到银行开立一个零存整取账户，工资到账后，其中一部分要强制

自己进行储蓄。另外，现在许多银行开办"一本通"业务，可以授权给银行，只要工资存折的金额达到一定的数目，银行便可自动将一定数额转为定期存款，这种"强制储蓄"的办法，可以改掉乱花钱的习惯，从而不断积累个人资产。

2. 不要透支

持卡消费越来越成为时尚的标志，但是并非人人都适合使用银行卡，特别是对信用卡更是需要慎重。另外，贷记卡的透支功能也要慎用，过度透支还会让自己成为"负翁"一族。

3. 合理存款

将必要的开支列出后，剩余的钱对于工薪家庭来说还是放在银行里最有保障。最好将这部分钱分为两部分，20%存为活期以作不时之需，80%存成定期，这样更能约束一下想花钱的冲动。再有一部分就是意外的大额收入，比如过年时候的分红、奖金一类的数额较大的收入，这部分因一般金额较大，所以更要计划好如何去存储才最合适，最好不要存成一张定期存单，而是分成若干张，总之动用的存单越少越好。

4. 量入为出

对于"月光族"来说，最重要的就是要控制消费欲望。特别要建立一个理财档案，对一个月的收支情况进行记录，看看"花钱如流水"到底流向了哪里，看看哪些是必不可少的开支，哪些是可有可无的开支，哪些是不该有的开支。然后逐月减少"可有可无"以及"不该有"的消费。同时，可以用工资存折开通网上银行，随时查询余额，对自己的资金了如指掌，并根据存折余额随时调整自己的消费行为。

5. 适时投资

如果自己的积累达到一定金额，而当地房产又具有一定增值潜力

时，就可以考虑按揭贷款购买住房。这样当月的工资首先要偿还贷款本息，不但能改变乱花钱的坏习惯，还可以享受房产升值带来的收益，可谓一举两得。另外，每月拿出一定数额的资金进行国债、开放式基金等投资的办法也值得采用。

6. 抵制诱惑

商家促销的花样越来越多，各种诱惑使不少人患上了"狂买症"，特别是对于精于算计的女性，生怕错过优惠的时机，往往不考虑自己的需求，不顾购物的综合成本，一味疯狂购买。很多"月光族"都会因此血本无归，建议在购物前先考虑一下自己的这种消费是否合理再做决定。

7. 开支分类

每月除了留下自己必要的零花钱外，将剩余部分全部拿出作为家庭基础基金；列举出当月的基础开支，如水、电、燃气、暖气等费用；列出当月生活费用开支（这里主要指伙食费）；再留少部分其他开支。

8. 节省开销

下馆子是"月光家庭"的主要特点之一，不少家庭的开支有时占到月收入的1/4。建议家庭成员学习烹饪常识，下班时可以顺便买点自己喜欢的蔬菜或者半成品进行加工，既卫生，又达到了省钱的目的。

9. 降低房租

长期租房的人经过自己的争取这一点还是有可能实现的。首先一定按时缴纳房租，要在规定日子提前三、四天交给房主，然后在适当机会和房主谈，请求房租降价。当然要有条件，你需要用你的存款一次付清一段时间的房租。每月也许可以省出50元~100元。

10. 老人当家

如有条件把双方的父母轮流接到家里来住，让老人给自己当管

家。这样，不但大家庭的关系融洽了，还学会了勤俭持家，而且再有过多的聚会，更容易找到推辞的理由。

不要轻易开口向人借钱

俗话说："钱不是万能的，但没有钱是万万不能的。"日常生活中，每个人都免不了"手头紧"的时候，借钱与被借钱在所难免。

莎士比亚在《哈姆雷特》中写道："不要向别人借钱，向别人借钱将使你丢弃节俭的习惯。更不要借钱给别人，你不仅可能失去本金，也可能失去朋友。"

1. 借钱要讲究原则

如果对朋友之间的债务处理不当，很可能就人财两空，既没了朋友又没了钱。双重的损失，就像一道永久的疤痕，别妄想会自动脱落。借钱讨债之前一定要三思。所以，借钱的原则我们一定要把握好。

（1）视借钱对象而定。

朋友一般是借钱的主体，也是最容易引发纠纷的群体。所以，借钱给朋友，最大的危险不是失去钱，而是永远失去了情，做好事反而把人给得罪了。

杨明今年就遇到了两件朋友借钱的烦心事。

年初，杨明忽然接到一个初中同学的电话，提出要举行婚礼，要借5 000元钱。杨明和这个同学初中时关系一度非常好，但已经6年没有联系了。杨明现在并不了解他的现状，就犹豫了。回家征求老公的意见时，被严词拒绝了，理由是："你们都6年没联系，等于没这个朋友，现在不借钱的后果也就是再不联系而已。"杨明于是以没钱

的借口拒绝了同学的借钱，后来才听说，这个初中同学现在嗜赌，已经向能借钱的对象都借过了，并且都是有借无还。

年中，杨明一个好友要从北京去成都谋新职位。临走时"囊中羞涩"希望杨明能借 1 000 元，杨明二话没说借了这位朋友 2 000 元。这位朋友和杨明已经有 4 年的交情，关系一直不错，关键是朋友人厚道又热心，帮了她不少忙。所以，尽管杨明知道她的朋友一时半会儿可能也还不上这钱，还是多借了点。"就当帮朋友的忙，没指望他还钱，就当买股票亏了。"现在半年过去了，那位朋友依然没还钱，但杨明"十一"去成都玩，这位朋友全程陪同，还给杨明买了往返火车票。

经过这件事，杨明想分享的是：借钱对象很重要，有的人谈借容易，却从不讲还的时间，或者抛给你一句"我有钱的时候就会还你"。如果你对他现在的情况不了解，不相信他，就不要借钱；如果你真心借，就应该给他一个信任的期限。

（2）视借钱金额而定。

都市生活，大多数人都是一介普通百姓，赚着上班打工的辛苦钱。几十块、几百块，失去了也是正常，但是一旦有人向你借成千上万甚至数十万的人民币，你是不是觉得紧张了为难了？

姜琳最近就遇到这样一件麻烦事，她的男友要向她借钱，并且一借就是 10 万元，理由是买房。10 万元是姜琳工作 5 年的全部积蓄，姜琳很犯愁，借吧，有点不舍得。不借吧，影响感情。她把这个疑虑发在论坛上，回帖的网友很多，有劝借钱的，有劝不借的，甚至有劝分手的。最后她选择一个折中的方法，借出了 10 万元钱，但要求男友打了一个借条，规定一年内必须还钱。好在男友很痛快地理解了姜琳，写了欠条，并且承诺了不低于银行的利息。

由于大额借款风险极高，一般要发生在至亲的人之间，甚至

只有父母兄弟才能出借，而且一概要有欠条和利息。不过，"至亲人"要看每个人不同的理解，但是借款的金额越大，对于借款人和被借款人来说，开口的难度和事成的难度就越大，还是尽量向银行借的好。

（3）视借钱用途而定。

霍先生是个生意人，生意上的朋友多，资金来往也多。亲戚朋友的借钱，让其烦不胜烦，于是他严格地按照借钱用途给自己规定了借钱的标准。

简言之，就是"救急不救贫、四借四不借"。不借钱的四类是：①金融投资的不借；②买二套房、装修房屋、买车的不借；③结婚大操大办、旅游、购买奢侈品的不借；④赌徒不借。可以借钱的四类是：①无钱上大学的；②家有病人的；③突发性变故比如火灾、交通事故的；④对自己有恩的人。

霍先生的心态很好，他认为：借出去的钱，也不打算要回来了，就当自己做了件善事。但是关键是要救急而不能救贫。有了这些硬标准，霍先生果然清净了不少，而他的这些原则也为他赢得不少尊重。

（4）没钱怎么办？

没钱怎么办？方法当然是赚钱！不过，"人在江湖走"，肯定有手紧的时候。这时应该怎么办？看别人是怎样支招的。

林小姐说，只借亲人的，知根知底，打骂我也认了，坚决不向别人开口。小金额宁可透支信用卡。

江女士说，一般的小额急用，我会先透支信用卡，实在不行就去典当行，速度比较快，也很方便，尽量不去借钱。

张先生说，广东地区资金流通相对畅通，一般不找个人借，而是去银行、担保公司等借，这样虽然成本高一些，但是不用欠人情，也爽快。

当然，每个人主动借钱和应对借钱都有各自不同的招，"八仙过海，各显神通"。怎么既能很体面地达到自己的目的，又能和朋友相处融洽，不欠人情，就看你自己的！

2. 别人借钱不还怎么办

不管怎样，无论是顾及情面或是慷慨解囊，钱还是借出去了，最终谁也不想既没了钱也没了朋友。在这里提供一些朋友间讨债的小锦囊，供大家参考。

（1）"易货"置换法。

至于那些"揣着明白装糊涂"的人，往往把钱借给他们以后就如同肉包子打狗——有去无回。而且他们恐怕对你的讨钱招数也早有防范。不过也没关系，学会"易货置换法"准叫他们防不胜防。

首先注意观察属于欠债人的物品，其价值最好稍微大于或与所欠钱款等值。之后，找个最佳时机，装出没有任何动机的样子将其"借"到手。直到欠债人还清所欠债务之前你也拒不归还。这样就算是亡羊补牢，也不会为时过晚。

（2）借刀"杀鸡"法。

实在无法直接对付欠债的"铁公鸡"，那就只能借刀杀"鸡"了。找一个和欠债人熟悉的人，当然，此人必须和你也很熟悉，然后，围绕目前你的经济困境对其大诉其苦，并把占用你钱财的欠债人罗列一番，旨在让对方出面替你向欠债人说出你难以启齿的讨钱话。

此法也可以套换使用，直接找到欠债人表述一番，同样可以起到相同的作用。不过这招需要一定的演技，千万不能被人发觉你是指桑骂槐，要不然容易弄巧成拙。

（3）以毒攻毒法。

对于有些忘性极强的欠债人，恼羞成怒的你又无法用黄世仁的讨

钱办法来对付这些昔日的"杨白劳"。如此一来，难免会愁眉不展大伤脑筋。

其实大可不必，俗话说："以其人之道还治其人之身"。编个充分的理由，花言巧语，分文不揣地约上欠债人逛商场，见到你喜爱的东西直接开口向他/她借钱。他/她欠你多少你就借多少，最好把利息也加进去。

（4）动用武器法。

对付那些"滚刀肉"般的欠债人，也许你即使是使尽浑身解数也依然无效。那就只能动用最后一招——诉诸法律。

因为法律注重证据，毕竟是空口无凭，当白纸黑字的借条存在时，如果借债人不按借据约定归还欠款，法律就是对付上述类型欠债人的最有力的武器。

关于钱的事情我们要留个"心眼"，所谓君子之交淡如水，讲的就是朋友之间应该少有金钱瓜葛，免得纠缠不清最后殃及友情。朋友之间最好不要相互借钱，除非是朋友真的是处在生死攸关的境地。遇到有事没事就喜欢到处借钱的朋友，你一定要练就十八般武艺来对付他。你可以建立一个"穷"的固定形象，表明你每月的钱只够你保住小命，多余的一分都没有，相信有借钱想法的人会远离你的。你还可以扮演"铁公鸡"，在人前表明你只进不出，并且是绝对不会借钱给任何人的，这样绝没人会找你借钱，一了百了。

其实，关于朋友之间借钱讨债的事情有不少，很多都是不欢而散。人生有多少友情经得起借与被借的考验？所以，不到非常必要的关头，千万不要向朋友借钱，免得最后落得人财两空，自己还伤心。

别陷入信用卡的无底洞

不少年轻人热衷于刷卡消费，殊不知，我们身边的不少持卡人已在不知不觉之中成了"卡奴"。信用卡虽好用，但并不是人人吃得消！

"下个月又有3 000元信用卡欠款要还，唉……"每月拿到刚发到手的5 000元工资，林嘉敏一点也兴奋不起来，她都会皱着眉头盘算这有限的5 000元该如何分配才能躲过这个月的财务危机。

林嘉敏，27岁，从事服装设计工作，尚单身，是一个小资情调比较浓但又很精明的女人。为了保证自己的生活质量和品位不受影响，林嘉敏从内心里感谢发明信用卡的那个人。因为有了信用卡，她才得以实现她的理想生活——虽然收入一般，但名牌衣服、高档化妆品、数码相机、笔记本电脑、高档家具一样不少，这些都极大满足了她的虚荣心。

林嘉敏的钱包里塞满了各式各样的银行卡，其中光信用卡就有8张，算是信用卡使用"大户"。林嘉敏的这些信用卡都有不同的用途：有专门用来日常消费的，有出国购物消费用的，有用来购买类似笔记本电脑等"大件"的，还有用来分期付款买家具的等等。

起初使用信用卡时，林嘉敏体会到的是一种刷卡的快感与消费的满足，并为自己拥有一个精明的头脑沾沾自喜。她还记得第一次通过信用卡购买她心仪已久的一款数码相机时，跑了很多家电商城，但是她发现，尽管同样用招行的信用卡分期付款，如果同样分12期支付，有的商城既免利息又不收任何手续费，有的商城虽然免利息，但是要收取每笔2.5%的手续费。据银行解释，这是银行和商户进行合作时，对不同商户采取的不同销售策略。在数码相机价格相同的情况下，林嘉敏毫不犹豫地选择了前者，没交1分钱手续费。

但林嘉敏在使用信用卡过程中，还是有不少苦恼：虽然在有些商城可以不用交1分钱手续费分期付款，但是商城的东西却比某些大卖场的贵不少。林嘉敏曾看中一款iPod，商城的价格比某大卖场的要贵300多元。如果在商城分期付款买，这高出的300元售价如果折算成利率超过了10%。林嘉敏算了算，这样还不如以低价在大卖场购买，刷完信用卡，申请分期付款，每月支付0.6%的手续费，还是比前一种方式省钱。

通过信用卡消费，林嘉敏得到了很多超出自己消费能力的物品，但"天下没有免费的午餐"，债终究是要还的。林嘉敏越来越感觉到信用卡带来的还款压力已经让她透不过气来。

最近林嘉敏总是感觉很郁闷：工作4年，只有几千元存款的林嘉敏丝毫没有财务安全感。她平均每个月收到三四份不同银行寄来的对账单，总还款额每月不低于3 000元。而她每月的总收入也不过5 000元左右，除了还信用卡之外，她还要应付房租、水电费、交通费用、社交活动费等，这让她时常感觉到财务紧张。

对她来讲，信用卡导致的这些债务就像是一座无形的大山，压得她快要撑不住了。每次与朋友聊天，她都大诉使用信用卡之苦和自己目前的窘迫处境。有一天夜里，她梦到接到好多银行的催款电话，从梦中惊醒，出了一身冷汗。据说，此梦对林嘉敏震动甚大。

望着钱包里花花绿绿的各种卡片，林嘉敏开始重新考虑信用卡的使用问题。她总结出，信用卡是必要的，但并不是多多益善，做"卡奴"是要付出沉重代价的。她决定把这最后一期的欠款还上以后，就去银行注销5张信用卡，仅留3张贴身备用。说实话，林嘉敏还是很羡慕那些"无债一身轻"的人。

1. 如何正确使用信用卡

信用卡滥用已不是什么新鲜事了，有人因为信用卡惹上官司，

也有人因为信用卡陷入"债务泥潭"成为"卡奴",但是只要你正确使用信用卡,不仅可以充分享受到信用卡的好处,也不会惹上这些麻烦。

(1)当你去银行申请办理信用卡时,你得详细了解自己所要办的信用卡的基本情况。

不同的银行,对信用卡的规定都不同,同一家银行,不同的卡种也不同。而一些需要刷卡才能免年费的信用卡,你要先清楚了解怎么刷卡消费,刷多少次可以免年费。

(2)刷卡要量力而行。

许多人感觉刷卡购物,不像现金付款那样觉得心疼。其实刷卡付出的同样是钱,还款时间一到,照样要还,千万不要图一时之快,一定要在自己的能力范围内刷卡。

(3)尽量避免使用信用卡透支提现。

几乎所有信用卡透支提现都是没有免息期的。也就是说,自提取之日起,银行就将按日收取万分之五的利息。这一利率折算成年率高达18%。

(4)及时掌握信用卡使用情况。

同时你要知道自己的信用卡两个重要的日期:每月的账单日(又叫对账日)和最后还款日。如果不知道,打电话问客服,信用卡中心的号码就在卡的背面。

一般情况下,银行每月都会按时寄对账单,如果收纸质信件不方便,只要你申请,有的银行也会改电子邮件发送对账单。对账单很重要,上边会说明:你本期欠款总额多少,最低还款额多少,最后还款日哪天,利息多少,每笔消费的账目都清楚地列在上面。如果发现错误可及时联系信用卡客服。工行还可以办理免费手机短信,让你及时了解信用卡的使用情况。

(5)透支后按时还款。

在你刷卡消费、充分享受免息透支带来的快乐时,也要清楚记得

159

还款日期。如果没有按时还款，不少信用卡会将你的免息期的利息一并算回，而且还要缴纳滞纳金、超限费等，相当于"高利贷"。不及时还款，还可能影响你的信用记录，涉及官司的还可能进入金融系统的"黑名单"，在你办理房子按揭贷款等业务时都会受到影响。

2. 信用卡透支有原则

持卡人如果对信用卡使用不当，会造成持卡人信用等级下降，不仅信用卡的透支额度降低，其以后在办理贷款时也会受到限制。还会因此使自己的个人信用记录"沾灰"，影响将来金融理财活动的开展。

"手里大把信用卡"貌似便捷、现代，但一段时间后，面对大把催缴单时，"刷卡眉飞色舞还款垂头丧气"成了最为贴切的写照。在持卡消费的年轻人当中，有相当一部分人无法做到理性消费，购物付款时想的只是"先刷了再说"，很少有付现金时的心疼感。有的甚至完全不考虑自己的偿还能力，于是当初的"义气用事"就为后来的举步维艰埋下了伏笔。使用信用卡透支要掌握好以下三个原则：

（1）总收入的70%是还贷限额。

要想过好日子，你就必须得未来留有余钱。每个月收入中，可以有70%用在当期支出，剩下的20%储蓄起来，用作应付突发事件的支出，另外10%则适合作为保费，通过商业保险来补充社会保障的不足。这样算起来，每月包括房贷和信用卡在内，还贷总额最高不宜超过总收入的70%，如果你的房贷已经占到了月收入的一半，那信用卡的消费限额就应该控制在20%以内；比如你月收入3 000元，那么每月的刷卡金额就不宜超过600元。否则，一月负债，下月容易继续负债，未来收入的一部分就会被用来偿还过去的支出。

（2）消费不要超过信用额度的一半。

由于各家银行竞争激烈，银行在审核信用额度时，出于推广循环信贷的考虑，额度往往相对较高，有些甚至可能会超过持卡人收入二三倍。如果在此范围内尽情刷卡消费，很容易使自己成为"卡奴"中

的一员。因此，计算每月还款的额度很重要，每月控制信用卡透支消费，不超过信用额度的一半，也是适当的自我保护措施。

如果透支超出还款能力，除了信用受损外，还会因延迟还款而带出滞纳金、罚息等额外支出，从而使本已难以还清的债务越滚越多。因此，从理智的角度来说，持卡人应对当期消费进行自我控制，避免使自己陷入到"卡奴"的生活中。

（3）掌控好自己所能承受的风险。

首先要尽量避免使用信用卡透支提现，因为透支提现是没有免息期的。也就是说，自提取之日起，银行就将按日收取万分之五的利息。这一利率折算成年率高达 18%。持卡人还应当知道部分还款银行仍将按全额计息，也就是说，如果不能全额偿还透支款项的话，就要支付从交易入账日至还款日止的贷款利息，而且是按透支消费款项全额计息。

第六章

这十年，要去打拼更精彩的未来

勇于向自己奋起挑战

人的一生总会面临很多机遇，也会碰到许多挑战。有没有勇气迈出第一步，往往是人生的分水岭，决定着一个人今后的发展。

挑战不仅仅挑战自然，挑战社会，挑战别人，挑战更重要的是挑战自我，人最大的敌人不是自己的对手，而恰恰是自己。挑战意味着放弃，意味着付出，挑战也意味着失败，但善于挑战自我的人决不会永远失败，他们会在失败中站起来，去迎接下一个挑战。丁磊当初放弃安逸的工作去创办网易时并不顺利，但他没有被困难吓倒，而是坚持自己的选择不放弃，最终赢得了市场，赢得了财富。

一个人是否具有能够接受挑战，战胜困境的勇气，直接决定了他是否能够在人生的舞台上舞出精彩。一位著名公司的老板在描述他心目中的理想员工时说："我们所急需的人才，是有奋斗进取精神、勇于向工作挑战的人。"具有讽刺意味的是，世界上到处都是谨小慎微、满足现状、惧怕未知和挑战的人，而勇于向工作挑战的员工，犹如稀有动物一样，始终供不应求。

每个人对他自己所具有的最大能力，并不完全知道。只有面临挑战——等到大的灾难、大的变故降临到他的头上，或是重大的责任降临到他肩上时，他的最大能力才会完全地施展出来。历史上还有不少这样的例子，有一些杰出人物等到了丧失一切的境地，才激发出勇气来寻找生命的出路，或是等遇到了极大不幸与灾祸，甚至到了绝望而进退两难的境地，才会竭尽全力来打开新的出路。

有许多身体强健的青年，却处在十分卑微、受人管束的地位，他们之所以老是处于这样的地位，其原因就在于，从来没有重大的责任交付予他们担当，这就无法激发他们最伟大的内在力量。美国教育家

卡耐基说："成功的人，都有勇往直前，藐视困难的气慨，他们都是大胆的、果断的，他们的字典上，是没有'惧怕'两个字的。"

记住：**人生没有失败，只有暂时停止成功。**年轻人要勇于挑战自己，前途充满了很多的可能性。在这奋斗途中，既要增强成功的信心，又要做好失败的心理准备。不管在什么时候、什么情况下，都要告诉自己是最棒的，确定的目标经过努力是能够达到的，没有不能克服的困难，没有什么能够阻挡自己前进的脚步。

但是，每个人毕竟是个体，个体的活动除了受本身能力的制约之外，还会遇到来自群体和社会的阻碍和干扰，难免有失败和挫折，对此也必须做好充分的准备。遭遇失败并不可怕，可怕的是在失败面前不能平衡心理，止步不前。面对失败和挫折，许多人常常会痛苦、自卑、怨恨，失去希望和信心。在失败面前的态度，就往往注定了你的人生走向。你要相信，不管事情的发展有多悲观，我们都具有扭转的能力。有一句话讲得好：没有失败，只有暂时停止成功。

不论追求什么，你都必须充满信心。不要认为自己能力不足，也不要过于庸人自扰，你应该告诉自己："我办得到！"任何障碍我都可解除。无论什么时候，我的想法尽可能是积极的。我要沉着应变，才能化险为夷，创造卓越成就。有人说，信心就像一粒芥菜种子，如果你细心呵护，小小的种子便会长成既高又大的芥菜。同理，如果你用心浇灌信心的种子，就没有任何事可以难倒你了。革新自己，在追求过程中，一定会有许多困难阻挠我们，如果缺乏应变能力，那我们便不容易突破瓶颈，反而会被逆境打倒，所以，对于每一个难题，我们都必须谨慎对待并加以解决。

就算失败了也不怕，只要重新整装待发前方就有无限可能。为了有效地排遣失败的心理影响，可以将自己的心理痛苦向他人倾诉，把失望和焦虑的情绪一吐为快，同时得到对方心理的安慰，重新找回失去的信心。也可以运用精神胜利法，与那些不如自己的人进行对比，他们很可能比自己受挫更大、困难更多、处境更差，从而将自己的失

控情绪逐步转化为平心静气，挖掘自身潜力，强化自己的优势感。当然，最根本的是要认真检讨原因，找出失败的症结所在，如果是目标不当，那就重新完善目标；如果是能力不足，那就有针对性地积储能量；如果是时机不对，那就重新寻找机会，以图东山再起。

年轻，不应该惧怕失败。只有摔倒过，我们才会懂得如何爬起来，才会珍惜每一个实践的机会，善待自己，完善自己。我们要学会每天都超越自己一点。只要你向前走，成功一定是你的！追求卓越成就，就是发现自己。实际上，你不必担心什么，你应该告诉自己："要发现自己，超越自我，没问题！"许多人被成功拒之门外，并不是成功遥不可及，而是他们不能发现自己，主动放弃，认定自己不会成功。事实上，只要你每天限定自己一定要超越自我一点点，成功便自会出现在你眼前。学会主动，要获得卓越成就，你就应该主动追求。积极行动，你才会摒弃懒散的习性。

你必须让潜意识充满积极的想法，无论任何状况，你都要超越自我。然而，追求卓越成就并不是一味地表现，而是应该更加提醒自己要谦虚，因为你知道，凡是卓越成就的人，他们有亲和力，受人欢迎。他们常常鼓励别人，并且嘉许、肯定别人。如果你不能接纳别人的卓越成就，反而冷嘲热讽，那你一定孤单无援。所以，不要用猜忌、排斥、冷漠的态度去面对别人的卓越成就，你应该学习赞赏他们的成就，使彼此能够相处融洽，不因竞争而失去友谊。脚踏实地，许多人一生中怀有相当多的抱负，但他们往往都不愿意脚踏实地的去做。

很多人认为"要做那么久才能成功，不划算！更何况我又不知道我的付出是否会有回报。"他们常常抱怨怀才不遇，因此多年下来，依旧一事无成。如果你认为卓越的成就不费吹灰之力就能获得，那当你遭遇挫折时，你便会很容易怨天尤人，把责任推给别人。俗话说，天下没有不劳而获的东西，也没有空手可得的成功。你若要成功、成名，就必须经得起长久的付出与持续的努力。

不断地锻炼，才能磨练出自我卓越的一面。主动学习，不要认为知道了关于应变能力的法则后，就足以应付所有的事，其实，还有许多的困境是我们尚未遇到的，因此，我们应该随时主动学习，以弥补自己的不足，只要每天超越自己一点点，成功便会出现在你眼前。下面十条建议或许对你有所帮助。

1. 现实地设定能够获得成大事者的目标，而且尽量以得到显著成果为主。

2. 不要对成大事者抱太大的期望目标。设定可能达成的实际目标，然后一个一个地实现它们。

3. 一个人对自己的期望不太满意时，往往会失去自信，偶尔会有更大的野心。因此，首先要检讨对自己的要求是否"合乎实际"，如果超过实际，必须立刻改进。

4. 过大的好心会影响健康。目标太高，被不可能实现的强烈野心侵蚀，结果容易患肠胃溃疡等疾病。

5. 没有强烈动机反能完成更多事，由此可知，野心应符合自己的个性，不必强求。

6. 付出极大努力换来大的成就并无妨，但是不要持续为取得好成绩而给自己施加太大的压力。

7. 获得成大事者的同时，不要输给"胜利效应"，也就是不要在胜利的荣誉中沉溺太久。

8. 通常成大事者会加速下一次的成果出现，但只有保持平常心才能保证不退步且维持好成绩。

9. 勿采用消耗过多能力的方法，如此只会得到"拼命三郎"的称号。

10. 偶尔要找个时间放松一下，"跳出努力的圈圈"。唯有这么做才能把能力发挥到最高点，没有人能够永远维持能力处于高峰状态。

人要有目标，才有动力；有了动力，要不断努力，才有成绩；有了成绩，还要继续拼搏，不能固步自封，自满自足，才能超越自己。

现代社会竞争越来越激烈。我们只有敢于超越，超越别人，超越自己，才能增强竞争力，才能永远立于不败之地

"抓住机遇，挑战自我"不是一句高不可及的口号，而是需要我们实实在在去努力实践的指针，即便做一个普通人，我们依然可以享受机遇带来的快乐，享受挑战给予的喜悦，成为一个成功的普通人。

人生要有适度的紧迫感

我们生活在一个竞争激烈的时代，每个人都能感受到来自生活的种种压力。人们在经受日复一日、年复一年的紧张忙碌、焦虑烦躁和寝食难安等身心劳顿后，非常渴望拥有一份没有竞争、没有压力的生活。但是，人一失去适度的压力，生命的活力马上就像埋在地下的石油一样不再喷发，长期在紧张中形成的生命节律很快遭到破坏，各种身心疾病必然随之而生。

在内蒙古的大草原上狼群成患，羊群损失惨重，牧民的生活受到严重威胁。为了对付"狼灾"，牧民们向附近的驻军求助。战士们个个都是神枪手，不出半月，便把狼群全部消灭了。牧民们在感激驻军的同时，开始憧憬没有"狼灾"的美好生活。

可是令牧民没想到的是，草原上无狼之后，羊群不仅没有发展起来，反倒三天两头爆发瘟疫，牧民损失更加惨重。

在百思不得其解后，牧民们只好焦急地去请教畜牧专家。专家问清情况后说："狼对羊是一种生存威胁，狼多了，羊肯定发展不起来。但是，狼对羊也是一种生存刺激，没有狼，羊群的神经松散麻痹，瘟疫自然乘虚而入。"牧民们明白其中的道理后，又特意从外地引进了几只狼，情况立即好转。

上述故事和现象都表明：生于忧患，死于安乐。没有忧患，没有压力，没有挑战，生命便会失去应有的活力，难以展现出自身的精彩和价值。千万不要期待毫无压力的生活，适度的压力绝非坏事，而是人生发展的不竭动力和幸福之源。

很多研究发现，适度的压力有利于我们保持良好的状态，更加有助于挖掘我们的潜能，从而提高个人与社会的整体效率。比如运动员每到参加比赛，一定要将自己调整到感到适度的压力，让自己兴奋，进入最佳的竞技状态，如果他不紧张、没压力感，则不利于出成绩。再如考试时，适度的压力能调动我们的大脑，让我们兴奋，考出好的成绩。所以，适度的压力对于促进社会发展、挖掘内在潜力资源，是有正面意义的。

英国一位著名的科学家说：人是需要一些紧张和压力的，适度的压力可以激发人的免疫力，从而延长寿命。他还做了一个实验：把一个整天喊不堪压力的人关进豪华总统套房，满足他想要得到的一切优越物质条件和精神需求。然而没过多久，那个人开始变得烦闷焦虑，进而越发狂躁不安。科学家问他在舒适没有压力的环境下感受如何，他说，再这样闲下去我就要疯了。

换个角度想想，我们是不是因为自己的懒惰才埋怨周围的竞争太过激烈？是不是因为自己的能力有限而强调压力过大？

事实上，如果没有了压力，人类恐怕仍然处于猿人时代。正是有了压力，我们的社会才在不断地发展，生活才会越来越富足。有句很著名的话说：压力在某种程度上能变成一种动力。压力是摆脱束缚、摆脱贫困、摆脱压榨的催化剂，相对于轻松来说，压力是一份重量，它能给我们思变的力量；相对于自由来说，压力是一份负担，它会让我们全力的减负，在这些过程中提升自己，改变现状。

生活在如今这样一个竞争激烈的时代，在生活、工作、学习之中我们无时无刻不被压力所困扰。但人是需要有些压力的，没有压力人

就会沉沦，没有压力人就没有改变，没有压力社会就不会前进。

真正的智者不会将自己置身于压力的困境中而不去突围，相反，他会在压力中寻找有益环境利己生存。当然了，我们这里说的是适度的压力，如果压力过重，就要设法给自己减压，至于用什么方法，那就因人而异了。

适当的压力，不仅是我们发挥潜能的刺激因素，更是让我们挑战自我的最佳助力。大多聪明的人都懂得，适时而适度的压力是成长的必备养分，更是成就我们亮丽生活的重要元素。

有位名不见经传的年轻人，第一次参加马拉松比赛便获得冠军，而且还打破了世界纪录。当他冲过终点时，许多记者蜂拥而上，不断地问："你怎么会有这样好的成绩？"年轻的选手气喘吁吁地回答："因为，我身后有一匹狼！"听他这么一说，所有的人全都惊恐地回头张望，当然，他身后没有什么可怕的东西啊！

这时，他继续说："三年前，我在一座山林间，训练自己长跑的耐力。每天清晨，教练就叫我起床练习，但是，即使我尽了全力练习，却一直都没有进步。"

年轻人这时停下脚步，坐在地上继续说："有一天清晨，在训练的途中，我忽然听见身后传来狼的叫声，刚开始声音很遥远，但是没几秒钟的时间，就已经来到我的身后，当时我吓得不敢回头，只知道逃命要紧。于是，我头也不回地往前跑，而那天我的速度居然突破了！"

年轻人停下来，喝了一口水后，说："教练当时对我说，'原来不是你不行，而是你身后少了一匹狼！'我这才知道，原来根本没有狼，那是教练伪装出来的。从那次之后，只要练习时，我都会想象自己身后有一匹狼正在追赶，包括今天比赛的时候，那匹狼依然追赶着我！"

如何激发自己的潜能，是许多人追寻的目标。为了发挥潜能，有

人随时调整自己的思考与习惯，让自己面对更多的挑战，并不断地突破自己。

更有人把"吃苦当作吃补"，从各种挫折中，发挥坚毅的生命力，展现惊人的创造力。每个人都要随时想象自己的身后有一匹狼。只有当适当的压力适时地莅临时，才能赋予我们生命以更新颖的意义，才能让潜力发挥到极致，而我们的世界也会因此而精彩绝伦。

但是，在现实生活中我们对压力的拿捏并不是那么适当。经常会感觉自己的压力很大，我们也经常听到朋友们在说"我真的很有压力"。压力这个词早就不是一个新词了，不管是大人还是孩子都会说压力这两个字，孩子上学有压力是父母给的，总想拿出最好的成绩回报父母，父母工作有压力，希望能多赚点钱让孩子生活得更好，都很累啊。

竞争是激烈的也是残酷的，面对着压力，我们要学会合理地释放，压力固然可以变为动力，但是人承受压力的能力是有限的，不管怎么样还是希望生活在激烈的社会中的人们能够合理地释放自己的压力。认为压力更多的还是来自自己，是自己给自己的压力太大了，不要让自己有太大的压力，快乐并健康的活着就好。

由于做事过度用力和意念过于集中，反而将平时可以轻松完成的事情搞糟了。现代医学称之为"目的颤抖"。有心理学家做过这样一个实验：在给小小的绣花针引线的时候，你越是全神贯注地努力，你的手抖动得越厉害，线越不容易引入。医学上称这种现象为"目的颤抖"——目的性越强，越不容易成功。太想纫好针的手在颤抖，太想踢进球的脚在颤抖。华伦达原本有着一双在钢索上如履平地的脚，但是，过分求胜之心硬是使他的双脚失去了平衡——这就是著名的"华伦达心态"，以华伦达的失足殒命而被赋予了一种沉重的内涵。

人生岂能无目的？然而，目的本是引领着你前行的，如果将目的做成沙袋捆缚在身上，每前进一步，巨大的牵累与莫名的恐惧就赶来羁绊你的手脚，如此，你将如何去约见那个成功的自我？压力源于无

止境的欲望，人们普遍感到压力的另外一个原因，在于人们的社会价值取向过于单一。在一个以成功为最高理想的社会里，人们的生活目标已经量化成一系列数字：挣多少钱，住多大的房子，开多少钱的车……而没有另外一种精神上的满足、另外一种精神上释放和解脱的渠道。人们羞于平凡，更难将其当作一种幸福来享受——绝大多数的烦恼、压力便来源于此。

社会应该尊敬那些成功者和财富创造者，但同时也应该给予人们过另外一种生活的尊严。压力源于人们无法满足的欲望，多元化的价值观带来人们多元化的欲望和多元化的实现路径。只有拥有了真正的精神家园、"幸福"有了更多的实现路径，人生的压力才会得到释放和缓解。

美国一位成人教育家说："**适度的紧张，是世界上最便宜也最好的药。**"的确，适度压力带来的紧张和忙碌，一定程度上来说，正是我们生命之源、生活之本。每一个人，无论年轻还是年老，都应该给自己的生活设定一个个目标。目标不必太高太远太沉重，应稍加努力便可达到，又奔向下一个目标，给自己增添永不枯竭的动力源。如同一首乐曲，一个个目标就是它的律动和节奏，生命的乐章便演奏得绵延久远而美丽动人。

要抓住契机，改变人生

记得泰戈尔的哲理诗里曾经有这样一个故事：

一位流浪的疯子在海边徘徊着寻找点金石。有一天，一个村童走上来问："告诉我，你腰上的那条金链是从哪里来的呢？"

疯子吓了一跳——那条本来是铁的链子真的变成了金的了，这不是一场梦，但是他不知道是什么时候变成的。

他狂乱地敲着自己的前额——什么时候，啊，什么时候在他的不知不觉之中成功了呢？

拾起小石去碰碰那条链子，然后不看看变化与否，又把它扔掉，这已成了习惯；就是这样，这疯子找到了又失掉了那块点金石。

机遇对每个人来说都是平等的，但机遇给每个人的人生带来的结果却是不同的。有的人丧失了一次又一次很好的机遇，却在怨天尤人，怪命运对自己不公，有的人却能迅速抓住机遇，改变自己的命运。因为幸运女神只会垂青有准备并能善于抓住机遇的人，机遇只会留给那些深谋远虑的思想者和不屈不挠的奋斗者。古今中外许许多多的成功者正是因为抓住机遇而创造了奇迹。

任何机会都是"金钥匙"，你一生中能获得特殊机会的可能性还不到百万分之一；然而，机会却常常出现在你面前，你可以把握住机会，将它变为有利的条件。而你所需要做的事情只有一件：行动起来。只有懒惰的人才总是抱怨自己没有机会，抱怨自己没有时间；而勤劳的人永远在孜孜不倦地工作着、努力着。有头脑的人能够从琐碎的小事中寻找出机会，而粗心大意的人却轻易地让机会从眼前飞走。幸运之神会光顾世界上的每一个人。但如果她发现这个人并没有准备好要迎接她时，她就会从大门里走进来，然后从窗子里飞出去。

不要等待你的机会出现，而要创造机会。

1. 确定什么是你所要的，而又是什么妨碍了你

在心理治疗室里，当心理医生问起人们希望怎么样时，几乎每一个人都会说出一大串他们所希望的，往往这一说便是超过二十分钟。固然，人生中我们越是注意的就越能得到；同理，你越是惦念着不想要的，往往越容易得到。要想改变，第一步就是要确定什么是你真正想要的，这样才能引导你的去向，而你想要的越是明确、越是具体，就越能够发挥力量，快速地达成目标。另外我们也必须知道是什么阻

碍了我们所要得到的，不用说，阻碍我们改变的是因为我们把改变和痛苦连在一起，因而宁可不改变。何以会如此呢？因为我们对改变后的结果不知道，因而心怀恐惧。

2. 找出能改变你人生的杠杆，哪怕只是一丁点的变动

认定不变会有很大的痛苦，而现在就变会有很大的快乐。很多人都知道自己应该改变，可就是不肯拿出行动。改变通常不是能不能的问题，而是愿不愿改的问题。如果有人拿枪顶着我们的脑袋，高声喝道："你最好给我马上改掉没精打彩的样子，否则就毙了你!"此时相信任何一个人都会想尽办法让自己振奋起来。

我们对于"改变"这个问题所抱持的态度，经常是"应当"而不是"必须"，就算是必须，也经常是指未来的某一天。要想马上改变，惟一的方法就是得在心里保持迫切感，不能不快点去做。我们已经说过，改变不是能不能的问题，而是愿不愿的问题，这就属于意愿的范围，如果再深究下去，那就跟先前所说的那股造成我们人生的力量有关，这个力量就是痛苦与快乐。

人生中任何成功的改变，必然是改变神经链中对痛苦与快乐的诠释结果，我们经常之所以很难改变，是因为心中有矛盾。一方面我们想改变，不希望因为抽烟而得癌症，不希望因为发脾气而失去朋友，不希望因为怒责孩子而让他们误会不爱他们，总之我们就是不希望如此；然而在另一方面我们却又害怕改变，因为若是上面所说的未必成真，那又何必要去委曲自己？

3. 这 24 个决定的开始，将彻底改变你的人生

（1）做出你目前最重大的决定。

（2）重新评估你的价值。

（3）改变你的思维。

（4）重新检查你的目标。

（5）设想远大的前程。

（6）进行重大的态度调整。

（7）重新组建新的团队。

（8）曲而不折。

（9）和不健康的恐惧说再见。

（10）以退为进。

（11）控制你的情感。

（12）做些刺激的事情，走出平凡。

（13）重新安排你的一天。

（14）充分利用你的金钱。

（15）期待你的新生。

（16）成功者的形象。

（17）发现别人的长处。

（18）拥有一颗崭新的心。

（19）从主人到仆人。

（20）对身边每个人都微笑。

（21）像雄鹰一样保持热情。

（22）开始新的一天的关键。

（23）坚持就是胜利。

（24）庆祝全新的你。

我们要做命运的主宰者，积极的人在每一次忧患中都看到一个机会，而消极的人则在每个机会都看到某种忧患。不要等待机会，而要创造机会。有了机会，不要去计较成功与失败，因为无论成功与失败，你的收获都是很大的。失败是什么？没有什么，只是更走近成功一步；成功是什么？就是走过了所有通向失败的路，只剩下一条路，那就是成功的路。

做了选择就不要后悔，或许太多的原因会迫使我们不得不考虑要不要放弃。年轻的我们反复不定，害怕坚持后接受失望的结果。无论什么事情最终只会有两个结果，要么失败，要么成功，既然你害怕失

败，何不多做努力让自己不再害怕失败。伟人之所以伟大，是因为他与别人共处逆境时，别人失去了信心，他却下决心实现自己的目标。相信自己的选择，持之以恒地坚持，不后悔，年轻的眼泪不能征服谁，后退就什么也追不回。

记得有句话说得好：如果容许我再过一次人生，我愿意重复我的生活。因为，有理想有个性的年轻人向来就不后悔过去，不惧怕将来。

拿一手好牌不如打好一手坏牌

众所周知，美国第16届总统是伟大的亚伯拉罕·林肯，一个很特别的总统。他并没有显赫的家庭背景，也没有堆积如山的财富，他的父亲只是一个鞋匠。要知道，在当时的美国社会，一个人若是没有一个良好的家庭背景就会遭到别人的鄙夷，更不要说去参加总统竞选了，简直是痴人说梦、天方夜谭。

在总统大选前夕，林肯在参议院演说时，一位参议员奚落他说："林肯先生，在你开始演讲之前，我希望你记住你是一个鞋匠的儿子。"林肯高昂着头，回答了那位参议员的话，他说："我非常感谢您使我想起我的父亲，他已经过世了，我一定会永远记住您的忠告，我知道我做总统根本无法像我父亲做鞋匠做得那么出色。"

参议院中的众多参议员听完林肯的回答后，一下子都沉默了。此时，林肯突然转头对那个傲慢的参议员说："据我所知，我的父亲以前也为您的家人做过鞋子，如果您的鞋子不合脚，我可以帮您改正它。虽然我不是伟大的鞋匠，但我从小就跟随父亲学到了做鞋子的技术。"

接着，他对在座的所有人说："对参议院的任何人都一样，如果

你们穿的哪双鞋是我父亲做的，现在需要修理或改善，我一定尽可能帮忙。但是有一件事是可以肯定的，我无法像他那么伟大，他的手艺是无人能比的。"

讲到这里，林肯热泪盈眶，深深地陷入了对父亲的思念之中。这时，所有的嘲笑顿时化作了雷鸣般的掌声，他不卑不亢的回答赢得了世人的尊重。当年，林肯的得票率异常地高，他成功当上了美国总统。

出身是不由自己来选择的，无论家境是好是坏，我们都要坦然面对。从你对待自己出身的态度上，就可以看出你的个人品质，这恰恰是赢得他人尊重的资本。出身的高低并不能衡量一个人能力的大小。出身卑微的人们，同样可以抵达成功的彼岸。

弗兰克曾指出，人生共有三种重要的价值，一是经验价值，来自遭遇；二是创造价值，出自个人独创；三是态度价值，也就是面临困境，比如患绝症时的反应。这三种价值中境界最高的是态度价值。逆境往往能激发思维的改变，使人以全新的观点去看人与事，并由此获得难能可贵的见解。

社会需要我们创造价值，社会首先关注的是我们的工作品质是否有利于创造价值，每个人身上都能体现自我的价值，实现的程度和影响力是让人说不清的问题，成功者的人生价值，表现的也不会是完美的，成功者也是本着自己朴实的本性而生活着，他们在自己人生舞台上表现出来的是他自己的举止，他们从不自以为是这个世界上的骄子。其实人生价值并非都是做出什么轰轰烈烈的大事，只需要适合于自己的工作场所，尽善尽美做出自己的事情，结出丰硕的果实，无悔于心，便实现了你人生的价值。一个人的躯体终会解散，变成尘埃滚滚、清风缕缕，但他在这个世上的行动造成的影响是不会消失的，他或好或坏的行为必将开花结果，影响后人。每个人都肩负着极其重要而且庄严的使命……他的价值继承着过去，开辟着未来。

在这个世界上，平凡的人活得最实在，平凡人的一言一行有时能改变一个自以为是的成功者，不可否认，成功者善于思考、学习、谦虚、进取、创意精神强于一般人，他的优秀使他与众不同。自我的价值如何体现，怎样做才能准确阐明自我的人生价值，是轰轰烈烈做一番事业，还是创造出具大的财富？或是实实在在做好本能的事情？不同人的价值观反应出不同结论，不必苦恼、沮丧、悲观，走出自我，能生存本身就是一种价值的体现。

年轻人要做的，就是感谢启悟下的自己，珍惜手中的拥有，把握生命，尽所能完善自我，实现人生价值。

谈起价值，每个人都会有自己的感受，所经历的过程、一些事、结果、看法等，都会各不相同，这是个人的个性所在，共性是都在实践中找到自我，守住一个宝贵的人生信条，并持之以恒下去。人无完人，你就是你自己，做大事做小事必须有真正的自我，好高骛远、弄虚作假那就失去了自我的价值。

在体现自我价值的同时，能帮助一些人做一些事，在你这里可能是举手之劳，而被帮助的人可能因得到你的帮助而会扭转他的人生命运。无需表现得多么的高尚，也无需刻意获得别的人赞美，实实在在尽自己的能力是最好的证明，你的价值充分体现着你是一个这样的人——一个创造价值的人。

不少人曾为价值而迷失自己，总觉得在阳光的天气里，应该让自己的能力发挥得更好，更出色，寻找机会体现自我，挖掘自己的潜力，散发着潜力所带来的光，可是越是这样想，越是失去自我的原来的东西，苦恼接踵而来，工作中失误迭迭，一度地也失去了心理平衡，苦、烦、躁……

其实每个人应量力而行，恰到好处，当行则行，该止则止，价值过分则成谬误，压力责任过一分则会把生命压垮，找一个临界点告诉自己，实实在在做人，承认自我的价值，切不要和别人比，自己和自己比，不要把自己当成一个超负荷运转的机器。虽然自己每天做的全

是小事，但你做好也是你的价值的体现。

亲身体验价值的存在，才会感到价值应有的作用。外来挑战虽然严酷，但不管你能不能克服，总有过去的时候，现在对你造成威胁的事件，以后未必还会存在，可以从中找到原因，从头再来，一点一点来实现你的目标，内心的自我永远不会消失，相信自己，增添自信，如果做事缺乏自信心，这一生就不会摆脱它的控制，就不会摆脱失败的纠缠。

每个人都有每个人的特质，而这些特质又是别人无法模仿的，别人不一定做得来你能做得了的事。有时，价值的欲望无止境，常常会忘记价值实现时的快乐时光，偶尔想起刻骨铭心的失败，会心疼，其实应让欢乐常驻心里，来抵抗外在的干扰，价值在自己身上体现多少，就满足多少，保持愉快平和的心态，做起事来才会成功。

在一次讨论会上，一位著名的演说家没有讲一句开场白，手里却高举着一张 20 美元的钞票。面对会议室里的 200 个人。他问："谁要这 20 美元？"一只只手举起来！他接着说："我打算把 20 美元送给你们中的一位，但在这之前，请准许我做一件事。"他说着将钞票揉成一团，然后问："谁还要。"仍有人举手。他又说："那么，假如我这样做又怎样呢？"他把钞票扔到地上，又踏上一只脚，并且用脚碾它。尔后，他拾起钞票，钞票已变得又脏又皱，"现在谁还要？"还是有人举起手来。

"朋友们，你们已经上了一堂很有意义的课。无论我如何对待那张钞票，你们还是想要它，因为它并没贬值，它依旧值 20 美元。人生路上，我们会无数次被自己的决定或碰到的逆境击倒、欺凌甚至碾得粉身碎骨。我们觉得自己似乎一文不值。但无论发生什么或将要发生什么，我们的价值，在上帝的眼中，你永远不会丧失价值。肮脏或洁净，衣着齐整或不齐整，你们依然是无价之宝。生命的价值不依赖我们的所作所为，也不仰仗我们结交的人物，而是取决于我们本身你

的独特的——永远不要忘记这一点。"

　　拿一手好牌不如打好一手坏牌。每个人在走向成功的道路上都将付出这样那样的代价，而付出代价的本身是人生的另一种收获。那么让我们以自己的智慧，用最少的代价，来换取我们最在意的东西。

提前为自己的未来积累资源

　　俗话说，多交朋友未来多一条路走。多交朋友真的好处多吗？我们应该辩证地去看待这个问题。朋友之间互相帮助，互相排忧解难，互相倾吐心思自然是好的。但是交朋友的问题更重的是质，而不是量。一个好朋友，一个知心朋友，甚至一个兄弟情深的朋友，远远比一百个酒肉朋友要有用。当朋友的要两肋插刀，同甘共苦，就像三国演义的刘备关羽张飞的那种兄弟情一样，有福同享，有难同当。虽说现在社会不再需要"不求同年同月同日生，但求同年同月同日死"的愚昧，但是为一个知己而付出自己的一切却是绝对值得的。但是所有的问题都是建立在拥有一个知己的基础上。"君子之交淡如水，小人之交甘若醴"，真正的朋友或许不需要每天都在一起，但是却能在最需要的时候得到好友的一臂之力，这也是交朋友的最大欣慰所在。朋友不在多，而在精。

　　美国前总统比尔·克林顿的夫人希拉里也从多交朋友中获得很大的益处，她回忆以往："我在担任第一夫人的时候学到的最重要的一课，就是在世界舞台上的外交关系都是由各国政要之间的个人关系来左右的。即便不同国家的理念不同，但只要政要之间缔结了信任关系，国与国之间仍然可能保持良好的协作关系。"人际关系能够左右国家的存亡，人际关系在未来奋斗的过程中也起着重大的作用。孤家

寡人是成不了大事的。

现在流行一种说法，即 29 岁以前，属于青春"保质期"，29 岁以后，就 Time out（过期）了，即所谓 29 岁现象。张爱玲说："成名要趁早。"因此，想在青春岁月创出一翻事业来，就要赶在青春"过期"之前。

"人脉资源"的积累是一种长期投资，要细火慢炖，谁也算不准它在何时才开花结果，甚至要有心理准备，不一定有职位、薪资等实质回馈。当你面对人生关卡、遭遇困境之际，往往能从好的人脉那儿得到指引和帮助，他们或许无法在事业上给予直接帮助（通常若你值得信任，他们必会拔刀相助），但有时一句话就让你受益无穷。

如何积累人脉呢？关键是如何扩大自己的生活圈子，广泛交友。有人说，生活就是钻圈子。试想，哪个人没有几个生活圈子呢？亲戚圈、同学圈、邻里圈、职场圈、兴趣圈……不管你有意无意，那些和你有着共同利益或志趣相投的人，正组成一个又一个圈子，包围着你，带给你快乐和方便，也带给你安全和满足。每个人都在各个圈子里扮演不同的角色，而每天的生活正是从一个圈子进入另一个圈子的往返过程。如今流行起一个人拥有 2 个或 3 个手机号，这不同的号，正是为不同的圈子所设。

如果有一天你感觉到，随着年岁增长，生活的圈子像被施了魔法一样越变越小，生活的内容被削减得只剩吃饭、工作、睡觉，这预示着一场圈子危机正在你身上发生——你有必要有意去扩大并改善你的生活圈子了。

1. 如何进入新圈子

每个圈子都有一个壁垒，陌生人不是那么容易闯入的。圈子有圈子的特征，圈中人往往有自己独有的笑话，只有圈中人才听得懂；圈中人可能有一些独有的共同癖好，圈外人无法体会个中滋味……有道是"有缘千里来相会"，闯入一个圈子，有时还需要一些因缘。

（1）适合什么圈子。

先要知道自己适合什么圈子。自己有些什么兴趣爱好，有多少时间参加圈子的活动，参加圈子抱着什么目的，这些都要提前考量好，否则仅凭一时兴起，难免会南辕北辙，舍本逐末。

（2）了解一个圈子。

如果你有缘结识了一个圈子，就应该先认真去做个全面了解。圈子由哪些人组成，有些什么形式的活动，对圈中人有哪些要求，圈子对吸纳自己持何种态度，如果你觉得这正是你梦寐以求的那个圈子，就可以考虑如何进入的问题了。

（3）进入一个圈子。

一般来说，你需要有个引路人。进入一个圈子，好像相亲一样，要两方情投意合才好。如果没有合适的引路人，当然也可以尝试一下毛遂自荐。

（4）为自己设定圈中角色。

进入了圈子，你就会有一个相应的角色。是核心，还是骨干，抑或边缘人物，不同的角色有不同的分工。你可以根据自己的需要和实际情况设定圈中角色，当然要成为核心人物，还需要一步步来，除非这个圈子就是你自己创立的。

（5）维护好你的圈子。

圈子也是需要经营的，要维护好你的圈子，还需要一定的投入。时间投入不会少，电话、短信、E－mail 也是沟通联络的好工具，有时候还需要你提供创意和经费。你在为圈子服务的同时，圈子也在为你服务。

（6）处理好不同圈子的关系。

一个人往往有多个圈子，难免彼此冲突。最好先做好时间的规划，加强和各圈子的沟通，否则相互"打架"必令你顾此失彼。

2. 如何扮演好圈中角色

日常生活中，你总会看到这样的场景：

甲、乙、丙三个人激烈争论着，原因是三人合作完成一件事却没有做好它。

于是，甲说："都怨你们，早知道你们的能力是这样的，我就不和你们一起做事了，真倒霉！"

乙说："我觉得这件事情之所以没有做好，一是因为我们事先了解的资料还不够，二是因为三个人的力量没有往一处使。"

丙则说："都怪我，是我自己能力不够，连累了你们。"

无论是亲密无间的合作伙伴，还是日常相处的同事朋友，这样的对话在我们身边似乎经常听到。但实际上，这段话恰恰反映了与人交流时的几种典型心态。

甲用长辈的口吻指责另外两个人，显然是出于家长心态。一般来说，家长心态的表现为对人刻薄，喜欢挑别人的缺点。一个人的家长心态是从父辈那里获得的。小时候父母怎样对我们，长大后我们就可能拥有什么样的家长心态。这类人很喜欢批评别人，或提出建议强迫你接受，要不就是喜欢干涉别人的生活，把你当作小孩一样照顾。

乙则属于冷静、稳重、明理的成人心态，既不挑剔别人，也不冲动任性，而是很有主见，处事有计划，临阵不慌。长期处于成人心态的人，喜欢纯逻辑思维，他们做事很少讲感情，为人不够幽默，时间被安排得满满当当。与他们相处也是件非常乏味的事。

丙却像做了错事一般，一个劲地求大家原谅，正处于孩童心态。处于这种心态的人，表现得感情用事，而且情绪不稳定，容易受影响。

那么，该怎样调整自己，使这三种心态保持平衡呢？

如果你发现自己经常用家长心态与人交往，就应该注意客观地观察，学会聆听，少批评、挑剔别人，多采纳别人的正确建议，让你的生活多一点随意和感性，你就会快乐得多。

如果你是个非常理性的人，那最好把自己的成人心态放低一点。可以试着让自己放松，允许自己的感情适当地得到宣泄。建议你经常看一些喜剧或笑话，让自己像孩子一样乐一乐。

经常处于孩童心态的人，遇事最好能冷静分析，避免感情用事。凡事问问自己"我想怎么做"，而不必顾及别人的喜好，以免失去自我；多训练自己对他人负责，而不是过多地依赖别人。

在人际交往中，我们每个人都应该注意自己正处在什么心态，然后找出最为恰当的心态与人交往。这样一来，你会拥有许多朋友，成为一个很受欢迎的人。这实际上就是要讲究如何扮演好圈中角色，塑造自己的社会形象，实现自己的人生价值。

在一个圈子里，有的人是精神领袖，主导着圈子的话题和方向；有的人是天生的组织者，不厌其烦组织各种聚会，负责穿针引线把圈中人团结到一起；有的人是"广播站"，总能得到并传播各种小道消息，活跃圈中的气氛；有的人是坚定的参与者，愿意承担各种事务性的工作。这里，每一个角色都有自己存在的价值和意义。

（1）让自己有亲和力。有亲和力的人在圈中会更有吸引力，大家都愿意去和他交往，甚至以他为中心。

（2）要主动招呼朋友。如果一个圈子的人都很被动，势必让圈子变得沉闷乏味。主动地和你的圈中朋友打个招呼或者打个电话，主动地制造一些新鲜有趣的话题，圈子自然就有了生命力。

（3）保持乐观豁达。圈子是给你快乐的地方，有时不必过于严肃认真，计较得失。乐观豁达一定会让圈子的氛围保持轻松。

（4）切忌功利心太强。有了功利目的的圈子，人际关系一般很复杂。人不可能没有自己的"小算盘"，但不要把功利目的带进所有的圈子里，甚至把单纯的兴趣爱好圈子也搞成有利害关系的地方，那样，你就活得太累了。

寻求值得你穷其一生的努力方向

人生，总有许多需要抉择的时候，无数次站在人生的十字路口，对于这样左右为难而难以取舍的心境，多少年没有经历了？也许，说船到桥头自然直根本就是在自欺欺人吧，多少年浑浑噩噩、碌碌无为，多少个虚度的光阴从指尖悄悄流过，还能这样得过且过下去吗？不能！是时候为自己的人生选择正确的道路往下走了，是时候拼搏，是时候努力了，再也不能这样得过且过了！

1. 方向对了，世界就对了

高尔夫球教练总是教导说，方向比距离更重要。因为打高尔夫球需要头脑和全身器官的整体协调。每次击球之前，选手都需要观察和思考，需要靠手、臂、腰、腿、脚、眼睛等各部位的有效配合进行击球。而击球的关键则在于两个"D"，即方向（Direction）和距离（Distance）。初学者中有不少人只想着把球打远，而忽视方向的重要性，其实，方向要比打远更重要！

人生就像打高尔夫球，如果方向对了，即使走得慢也能一步一步接近成功；可是如果方向错了，不仅白忙一场，还可能离成功越来越远。既然方向对于我们如此重要，那么如何寻找人生的方向就成了我们必须面对的难题。在你做事情的时候，身边可能有很多人给你提出意见。这些意见是多种多样的，让你一时之间迷失了方向。其实，每一个给你提出意见的人，都是带有一定的自我心理倾向的，他会在不自觉中想要将他的想法强加给你，或者对你有一定的精神依托。

这个世界上，不会有比你更了解自己的人，所以在寻找人生方向的时候，一定要首先考虑自己喜欢的是什么。只有喜欢，才能有激

185

情，才能在追求理想的过程中感受到幸福和快乐，而不是一想到自己将做什么事情，心里就非常抵触，感觉头痛。钢琴家郎朗，刚开始弹琴时，家里人并不支持，甚至还有些反对，但是他一直在坚持自己的观点，要弹琴，一定要在音乐的领域里实现自己的人生价值。经过多方努力，家人终于不再阻止他，他也成功地走上了世界的大舞台。

2. 倾听内心声音，找准人生方向

选择方向，总会有许多的岔路口，但是不管处境有多么困难，我们都要注意倾听自己内心的声音，让心灵为自己的人生导航。

人人都有欲望，都想过美满幸福的生活，都希望丰衣足食，这是人之常情。但是，如果把这种欲望变成不正当的欲求，变成无止境的贪婪，那我们就在无形中成了欲望的奴隶了。在欲望的支配下，我们不得不为了权力、为了地位、为了金钱而削尖了脑袋向里钻。我们常常感到自己非常累，但是仍觉得不满足，因为在各自的眼里，很多人的生活比自己更富足，很多人的权力比自己大。所以，我们别无出路，只能硬着头皮往前冲，在无奈中透支着体力、精力与生命。

所以，在进行人生定位时，一定要量力而为，找到最适合自己的，而不是任由欲望支配，始终活在无法实现理想的痛苦里。"股神"巴菲特说过："在你能力所及的范围内投资，关键不是范围的大小，而是正确认识自己。"所以，想要找准人生方向，就必须先了解自己。

接下来，该怎样才能找到适合自己的人生方向呢？

（1）向左走还是向右走？

又到了人生的分岔路口，左边像是希望，也像是绝路，右边像是希望，也像是绝路，一个人提着行李，我们该向哪边迈出脚步？

向左或向右，不是只有爱情或是事业，虽然它们常以为凄美的场景和猝不及防的方式出现在路途中。当要面临两难做出抉择时，也许才能考验一个人的能力。

（2）路在何方？

当在失落而迷失了方向的时候，周围一片渺茫，这时候出路会在何方？一个小红点或许就能给自己很多人生的启示，当某一天我们真的只有一个人面对挫折与苦难时，别担心，那才是给你的真正考验。

当空气也变得沉静的时候，更要让自己振作起来，迷失方向不可怕，但别迷失了自己。

（3）你不是一个人在战斗。

就像黄健翔的嘶声烈吼一样，你的确不是一个人在战斗。

当你在问题面前犹豫不决，毫无主意的时候，不要气馁，在你背后还有数不清的人在支持着你。你的每一步前进，他们都看在眼里。

在亲人朋友的面前你没有失败，因为你早已经赢得了所有亲人朋友的赞许，其他，又算什么呢？

（4）换个角度看问题。

人们常说：将心比心。这是最普通的换位思考，因为这样你能得到更多不同的感受。做事也是如此，如果一不小心走进了一个死胡同，经过努力发现怎么也找不到出口之时，请别灰心，因为你至少还有退路。

后退并不代表失败，当你换条路之后，成功同样在前方。

（5）默默无闻，选择快乐。

喧闹的世界里，人们都想找到一片属于自己的安静天空，浮华背后，永远都是孤寂。放下一天的工作，卸下紧张的心情，坐在温暖的客厅里，陪妻子说说话，陪爸妈聊聊天，你所拥有的，并不是只有一味的工作。

选择自己喜欢的生活方式，选择快乐，这才是你的人生。

（6）重新开始，很简单。

谁都会经历失败，你也一样，这并不代表你有多倒霉，你有多失败，这只是让你有重新再来一次选择的机会而已。

谁都有自己的优势，没有人会一无是处，先前的失落仅仅是你走错了方向，打起精神来，你还有时间，你还有精力，让这一切重新开

始。

你，只需要一步。

（7）懂得删除，才能成长。

拿起你该拿的，放弃你该放弃的，删除你该删除的，这才是真正的人生。在人生的道路中，你会得到很多，欢声笑语成就你的记忆；你会失去很多，苦闷愁绪成就你的记忆。

路很长，删除记忆中那些不愉快的元素，往事就如过往云烟一般，只有忘记掉不快，懂得面对明天，才能找到更加精彩的东西。

（8）别冲动，那不代表软弱。

当你一只手按在就要下决定的按钮上时，请你要多多考虑一下，或许当你按下去的时候，一切都不能再挽回。

同理，你或许有很多种决定某件事务结局的想法，但请不要急于去尝试，这并不代表你软弱，要知道，你的每一个想法都代表着一个结局，有好，当然也有坏。

下决定前，请多思考。

（9）退一步，海阔天空。

当你如何努力打拼，发现都苦难重重时，有没有想过坚实的退下一步呢？退一步并不代表你认输，反而代表了你要达到成功的坚强意念。

（10）找到自己的位置。

这个世界本来就是这样，纷乱复杂，很容易就让人在这样的大潮流中迷失掉了方向。想开点，这何尝不是对自己的一种历练呢？短暂的迷失方向不可怕，找到自己的位置，你会发现经历了迷失后的自己变得更有魅力。

自己的位置很重要，千万别丢失了自己。

（11）决定，需要你的勇气。

或许电脑面前的决定很简单，一个回车键就能搞定，但是对于人生，却不是如此的简单。如果你已经考虑好，有足够的把握去实现决

定之后的局面，那么就别犹豫，更别怀疑自己，这就是你的决定，让你自豪的决定！

当人生也仅仅简单得只有一个"回车键"时，你才能体会到沧海桑田。

（12）急流勇退，大智慧。

别硬撑，不为自己想，也请为自己身边的亲人想想，他们都在担心你。失败没什么大不了，趁没陷入更深，你依然是赢家，当看到家人为你放下一颗悬着的心时，你才能体会到自己做了个多么好的决定。

别让自己那么累，你身边关心你的人会更累，多为家人想想，抽身退出也未尝不可，塞翁失马焉知非福。

（13）冷静地解决问题。

谁都会遇见问题，甚至是一些突如其来的大问题，怎么办？慌忙以对吗？当然不能慌乱，让自己冷静点吧，很多解决办法都是在慌乱中错失。

前面就是等着你的解决的办法，而你分明已经将一只手按在了解决办法的按钮上，马上你就能成功了。

冷静一点，没什么大不了。

（14）找到自己的方向。

有人说，人生就是一个寻找自我的阶段，如果这话没错，那你就少不了要走些许的弯路。别太计较，在寻找的过程中当然有得有失，也会或多或少的有磕磕碰碰，人生就是如此，否则怎么会有激情？

不必介意自己失去太多，人生就是如此，前前后后左左右右而已，放开点。

第七章

这十年，去争取幸福的生活

怕伤害不是拒绝恋爱、婚姻的理由

不少现代年轻人患有婚姻恐惧症，拒绝婚姻，视结婚为畏途。他们在乎自己的事业，懂得寻求快乐，不想找麻烦，任何会为他们带来麻烦的事，他们都躲得远远的。和女朋友的关系只肯停留在"只是朋友"的阶段，不愿卷入太深的牵扯，随时都想抽身而去。

世界太多变，年轻人不再相信什么生生世世、永远不变的爱情，他们连眼前的感情是否真切都没有十足的把握。连续剧的主题歌里大唱："情，算什么玩意？"

有个年轻人好不容易动了结婚的念头，在结婚之前自己问了自己几个问题，答案竟然全是否定的，包括如果再遇到更可爱的人会不动心吗？你能想象他30年后的样子，而仍然爱这么一个人吗？对会变丑、会变老、会变胖、会生病、会死的这个人，有兴趣为他负全责吗？有耐性和他共度这种平凡的日子吗？你肯和他共用一间浴室，共开一个银行账户吗？

一连串的问题又把年轻人即将到来的婚姻给否定了！如今生活是丰富了，可是为什么却一直拒绝婚姻带来的幸福呢？

1. 恋爱是浪漫的，婚姻是现实的

劝诫在婚姻大门外徘徊的年轻人，要平淡地去看待婚姻：不要把婚姻想象得过于理想，那里一定会有荆棘和坎坷；也不要把婚姻看作是爱情的坟墓。它是生活的一个驿站，是双方共同成长的过程。

未恋爱的人在选择配偶时，要考虑两人之间是否有爱存在，千万不要盲目；决定结婚时，更要理性地考虑，因为结婚是人生的里程碑，同时对将来的生活的转变要有心理准备。而结婚表示肯负起照顾

另一个的责任，当配偶遇到挫折，你要悉心地帮助他（她），直至他（她）能再度站起来；当配偶有成就时，你会以他（她）为荣，并鼓励他（她）再攀高峰。凡事有好的开始才有如意的结果，两情相悦的结合才有幸福可言。

有个女孩不顾家人的反对和自己中意的男人结婚了。她认为他是世界上最好的最酷的男人。他生活得非常洒脱和超然，乐观，没有忧愁。她觉得跟着他，她也毫无忧愁。但在结婚后，那种曾经的洒脱在她的眼里逐渐变成了游手好闲，他并不上进，不努力工作，整天靠她养活也并不内疚和羞愧。于是她觉得他其实根本不是值得自己托付终生的理想的伴侣，但却没有办法回头了。

针对这样的情况，在结婚之前，你一定要认识清楚要与你共度一生的人，你一定要确定你愿意容忍他的一些缺点。其实，适当的容忍是非常正常和必要的，有人说得好："承受不了感情上的委屈，哪来倾心的感情呢？"

同时，一定要注意沟通。男女双方有时并非不想沟通，而是缺乏沟通的"勇气"，毕竟"爱"和"迁就"是有很大差距的。两个人要尽量站在对方的角度去看问题，不要太固执，也不要全无立场，灵活一些。这种习惯对于感情的交流是非常有益的。因此，青年男女在结婚前就应该形成这样一种习惯，并将其贯穿爱情的始终。

2. 避开容易导致婚姻失败原因

大多数的人都渴望拥有美满幸福的婚姻，但许多青年男女常在择偶时就选错了对象，以致婚姻破碎、失败，甚至走上了离婚之路。其实只要在婚前仔细检视，避开下面这7个容易导致婚姻失败的原因就比较可能建立一个稳固的婚姻。

（1）太年轻就决定要结婚。

根据调查，20 岁以前结婚的夫妻，离婚率非常高；事实上，二十一二岁年轻夫妻的离婚率，是二十四五岁夫妻的两倍。

年轻人应该等到多大结婚才合适呢？有很多不同的考量因素——成熟度、谋生能力、教育阶段等等。就统计数字而言，过了 25 岁再结婚，婚姻比较稳定。事实上，根据最新的研究指出，婚姻稳固的人大多是 28 岁才开始约会。

（2）一方或双方急着结婚。

人们有急于结婚的冲动，大多是因为对即将来临的婚姻大事感到兴奋不已。没错，结婚很令人幸福，但当两个人被幸福冲昏了头脑时，往往没想到婚姻中有许多沉重的要求，他们匆匆做的这个决定，可能经受不起时间的考验。对婚姻没有清醒的认识，这是导致婚姻失败的一个原因，从一开始就要避免。像婚姻这样的终身大事，需要想得很清楚，一点也急不得。

（3）两人有不切实际的期待。

事实上，婚姻需要努力去经营，你可能会遭受各种痛苦，遇到各种问题。不管你的婚姻多么美满，仍然有许多个人的挑战在考验你的耐力。你若期待你的婚姻会有所不同，无疑是自找麻烦。很多人的婚姻失败，是因为两个人期待婚姻生活如诗如画——爬满常青藤的小屋、在沙滩上散步、浪漫的情调和不止息的欢乐。但是这很多是不切实际的。

（4）一方或双方有一些严重的个性或行为问题。

如果你的结婚对象在个性或者行为上有一些令你质疑的特质，例如：嫉妒、坏脾气、不负责任、不诚实或者固执、不可靠、易怒、吸毒、酗酒、花心。一定要先正视对方是否有严重的个性问题，先把问题解决再谈婚姻，否则婚姻将隐藏很大的危机。

（5）太快决定结婚。

当两个人才交往几周或者几个月，就准备要作关乎一生幸福的结婚决定时，这样的决定是幻想大于实际。结婚的决定若做得太快，会

给婚姻带来很大的危机。根据研究表明：交往超过两年才结婚的夫妇，对婚姻的满意度普遍较高，而交往时间较短的夫妇，对婚姻的满意度则有很大的差异，有的很满意，有的很不满意，因此，较长的交往时间可以减少许多婚姻失败的几率。

（6）一方或双方为了讨好某人而选择一个对象。

有些人选择一个对象是为了讨好父母或者某位重要人物，这样做根本就行不通。想做一个好的决定，你必须考虑自己的需要、梦想和人生目标，而不是别人的。

别让任何人替你择偶，别让自己为了讨好他人而选择某位终身伴侣，这是你的婚姻，你一生只有这么一次机会！

（5）双方认识的层面太窄。

很多人双方认识了很久，交往了很久，但是认识的层面还是非常窄的。尽量扩大两人相处时的经验是很重要的，要花时间和你未来要结婚的对象相处，有时挑早晨，有时挑晚上的时间。经历交通繁忙的塞车时刻，也经历乡间小路上的尽情奔驰。经历压力大的时候，也经历轻松的时刻。观察对方怎么和孩子玩、做家事和处理财务。

理智择偶会带来极大的收获，你的努力一定会有回报！只要好好考虑这七个重要的问题，就很有可能建立一个美满的婚姻，为家人提供一个健全的环境。

3. 如何维持婚姻美满幸福

你的婚姻是否幸福呢？不少人在评判自己的婚姻生活幸福或不幸福时，判断并非完全从自己的实际出发，不知不觉受两种外来因素所左右：一是影视等宣传媒介，二是别人的爱情生活态度。惟独没有想到，爱情是很难用同一尺度去测深浅的，幸福婚姻并不存在一成不变的模式。

虽然说幸福的婚姻没有一定的模式，但这并不否定夫妻或准夫妻采用一定的方式来营造一个美满幸福的婚姻环境。每一个恋爱结婚的

人，都想让婚姻始终成为互爱、互敬和互相完善的源泉。那么，怎样才能使婚姻美满呢？

（1）强调优点。

夫妻开始产生分歧，开始彼此不愉快，这通常是从他们倾向于注意对方的缺点开始。持久的批评和找茬总会使男女之间产生隔阂。换句话说，幸福的夫妇强调优点，注意对方的善良、温柔、可爱的方面。

（2）保护爱情。

相爱和相互忠实的夫妻们知道，保护他们的爱情是多么的重要。他们从不认为这关系是理所当然的，也不允许自己在对方面前表现出过于疲劳，过于紧张或过于忙碌。幸福伴侣向对方表示感激说"谢谢你"和献上赞辞来保护他们的爱情。他们经常这样做，甚至做得更多。

（3）把对方放在首位。

对于幸福的夫妻而言，这是个关键的要素。他们不允许自己的长辈、朋友或者工作置于这种夫妻关系之上。有一对夫妻，在他们结婚25周年之际就重申了他们的婚姻誓约。是的，女人和男人在他们结婚许多年之后依然履行的，应该是那些严肃的誓言，"直到死神把我们分开"。分手不是他们口中随意说出的词。

（4）共同处理问题。

事实上，婚姻可以同时是美妙的和艰难的，幸福的时光和烦恼的时光一样多。当两人观点相左、脾气暴躁的时候，共同处理这一问题是非常重要的。幸福的已婚妇女不仅较多地谈及她们的丈夫，她们还能与丈夫讨论任何思想问题，她们把自己的丈夫当作可以信赖的朋友。以共同解决问题代替从别的途径发泄怒气，能使夫妻双方更多地了解对方和了解自己，用这种积极的方式讨论问题，会引入真正的亲密，而不给对方探讨问题的机会，则会导致双方关系变得紧张和不愉快。

（5）一起寻找欢乐。

在《亲密游戏》一书中，波士顿心理学家威廉指出，玩和大笑对于幸福的婚姻是极为重要的成分，夫妻共同兴奋地投入游戏，就像是告诉对方我相信你爱我，甚至在我做傻事的时候。爱德华八世为了与他所爱的女人沃利斯·沃菲尔德·辛普森结婚，放弃了英国皇位。在以幸福婚姻为主题的演说中，温莎公爵幽默地说："当然，我确实比你们稍具优势，这就是提醒你的新娘，你为她放弃了皇位。"

生活需要不断地变换角色

"角色"这个概念本来是戏剧、电影中的名词，按其本意讲，是指演戏的人化妆戴上面具以后所扮演的那个人所说的话、所做的行为。美国社会学家乔治·赫伯特·米德首先将这个名词应用到了社会心理学中，认为社会也是一个大舞台，社会中的人就是他所扮演的各种角色的总和。正如莎士比亚在《皆大欢喜》中所说的："全世界是一个舞台，所有的男男女女不过是一些演员；他们都有下场的时候，也都有上场的时候。一个人的一生中扮演着好几个角色……"

人从一出生就注定他会扮演不同的角色。一个人肯定有自己的父母，因而他必定要扮演子女的角色。还会有自己的子女，因此，他要扮演父母的角色。而一个人生活在这个世界上，必定会与其他的人或者人群发生互动，所以也必须扮演不同的角色，比如邻居、老师、学生，甚至是和一个陌生人之间不经意的一次互动所扮演的短暂的角色。

1. 人这一生担当多种角色

人的一生，短暂的几十年，在漫漫成长路上需要不停地转变自己

的角色，以适应社会生活的变化。每一个人都要在历史的长河中蹚过，尽管对历史来说，一个人不及仓海之一粟，微不足道；但就个人、家庭或者一个小圈子来说，却又是非常重要的。人生是个大舞台，每个人都在历史的舞台上扮演着不同的角色。如何扮演好自己的角色，担负起自己的历史责任，努力实现自身的价值，值得每一个人去思考。

幼年时期，被父母宠着、爱着，过着无忧无虑的生活，你扮演着玩童的角色。

上学了，学习成了一个人的中心任务，这个时期是整个人生的奠基期，你一生过得怎样，很大程度上取决于这个时期，你又扮演着学子的角色。你就要努力取得优异的成绩，锻炼好身体，为未来的发展积累资本。

长大以后自己成家立业，成为慈母、仁父，这又到了人生的另一个阶段。在这个阶段是最幸福、最辉煌、最辛苦、也是最值得留恋的阶段。在这个人生的黄金时期，男人在内要孝敬父母、养家糊口，在外要为事业打拼、要与社会交往，承担着重要的家庭和社会责任，你是一座山、是全家的顶梁柱；女人除了工作以外，还要生儿育女，操持家务。在这个时期，除了共同的要扮演单位领导（或员工）等角色外，男人要扮演儿子、丈夫、父亲的角色，女人要扮演妻子、儿媳、母亲的角色。不管角色如何转换，都要有强烈的责任感，要能顶得住压力，精心策划自己的人生，并为之拼搏。

等到儿女事业有成，一个人的事业期、人生的辉煌期就过去了，转眼步入老年阶段，似乎转了一圈又回到了起点。这个时期，一个人往往会认真地反思自己，从而真正地认识自己，把什么都看开了，知道身体健康才是最重要的。他们将扮演的是一个长者的角色，除了享受天伦之乐外，带好孙子，参加一些有益的娱乐和健身活动是他们主要的任务。

最后，我们将失去所有的责任、亲人，离开这个生活了几十年的

世间。几十年的光阴岁月，就像一个圆圈，走一圈又回到了原点。人生既然是圆圈，我们就是画这个圆圈和往这个圆圈里加入色彩的人。

你可能成为一个伟人、一个诗人，也可能只是一介平民；你可能取得巨大的成功，也可能终身默默无闻。不管怎样，你只要尽心扮演好自己的角色，不用刻意追求什么，平平安安、平平淡淡，活出自我就行了。

不管你手中有多大权、兜中有多少钱，不管上天给你漂亮的容颜还是丑陋面孔，你都要开朗、大方、自信、自尊、自强、不卑不亢，不必刻意让历史记住自己什么，也不要给历史留下什么污点，活出自我，走自己的路，平安健康地走完属于自己的一生，你就是一个胜利者。

2. 别忘了随时改变人生的角色

英国著名的维多利亚女王，与其丈夫相亲相爱，感情和谐。但是维多利亚女王乃是一国之王，成天忙于公务，出入于社交场合，而她的丈夫阿尔伯特却和她相反，对政治不太关心，对社交活动也没有多大的兴趣，因此两人有时也闹些别扭。有一天，维多利亚女王去参加社交活动，而阿尔伯特却没有去，已是夜深了，女王才回到寝宫，只见房门紧闭着。女王走上前去敲门。

房内，阿尔伯特问："谁?"

女王回答："我是女王。"

门没有开，女王再次敲门。

房内阿尔伯特问："谁呀?"

女王回答："维多利亚。"

门还是没开。女王徘徊了半晌，又上前敲门。

房内的阿尔伯特仍然是问："谁呀?"

女王温柔地回答："你的妻子。"

这时，门开了，丈夫阿尔伯特伸出热情的双手把女王拉了进去。

当一个人面对不同的人，也就拥有不同的身份，这时，就应该有符合自己身份的态度；一个人也可以在不同的时期扮演不同的角色。长期扮演某种角色容易养成一种职业习惯，但当一个人改变了这个身份时，面对不同的人，他就应该作出相应的改变，以适应新的身份。

其实，每当角色变换时，便是一次成熟的机会。人逐渐成长便是在这些不断的变换与失去中渐渐完成自我的历练，有时候这并非是人为主观的，往往身不由己，当变换失去突兀地出现在你的面前，面对是唯一的选择，如何面对则在于一次次的经验，失败也罢，成功也罢，这些都是必经的道路，最重要的是一个过程。

3. 享受你扮演的那个角色

社会是一个大舞台，每个人的人生都是一台戏，每个人都是终生演员。不过演人生戏与演舞台戏不同的是，没有戏里戏外之分，演员永远卸不了妆退不了场，必须永远演下去。

演人生的戏与演舞台戏一样，分为演技派演员和本色演员。多数演技派演员逢场作戏，在各种社会场合应付自如，虽然自己常常感觉很累，但给外人的感觉是能力很强，很成功。

大多数本色演员表演水平远不如演技派演员，他们在哪里都演同样角色，所以演得不累，演得也很好，但获得大成功的机会较少，不过聪明的本色演员常常更看重自我评价，并不与别人比，所以他们活得充实而自然，在自己岗位上也总能干得比较成功。

在人生的舞台上，我们首先扮演的角色是，为人子女，为人父母，然后是职业角色，辛勤工作为自身的生存创造条件。再就是社会角色，在社会环境氛围中、做好社会关系的链接。最要紧的是自己的内心世界，是这些角色最核心的本质。人要上演这么多的角色，就必须找到一种平衡，否则就会觉得很累。常言说：到那山就唱那山的歌。想来就是演那个角色就进入那种境界吧，不管角色是大是小、是轻是重、是缓是急、是强是弱。如果在这些角色之间能够巧妙地转

换，比如你在开车，就聚精会神地开车不要想其他的事，在家中就不要想开车的事。那么无论你上演什么角色，都会是一种享受。

一个人要担任很多角色，要懂得爱护这些角色，要有自知之明。去创新、享受这些角色尤为重要。关键是保留自己内心的纯真和对生活的热情和真切感受，才能真正在上演这一系列角色中得到享受。同样，寻找一种合适的方式调整自己的状态、填充自己的不足，就会在自我觉悟中得到升华，演好人生的每一个角色。

学会改变角色吧，学会因角色的转化而改变语言的表达形式，在接受自己的前提之下，也要学会去尊重别人的选择，要承认差异的美感。生活其实很简单，不要人为地为生活填涂过多的色彩，简简单单才是真，平平淡淡也是福。

善待生活、善待自己和家人

生活中，我们很多人不仅对自己苛责，对身边至亲的家人苛责，更是对生活苛责。

我们要学会善待自己，善待生活。每个人都有自己的生活方式，但是需要我们去理解、去品味。人生是多样的，在五彩缤纷的世界里，编织着每个人的酸甜苦辣……

1. 学会对生活尽情地微笑

生活就像是一面镜子，你对他笑，他也对你笑，你对他哭，他也对你哭。而善待生活的人，就是对镜子笑的人。

生活就好像是一颗小树苗，而善待生活，就是为树苗浇水，施肥，让他最终变成苍天大树；生活就好像是一只嗷嗷待哺的雏鹰，而善待生活，就是对他的照顾，让他最后变成翱翔在天空中的雄鹰。生

活就好像大自然，而善待生活，就好像对他的保护，只有这样，他才可以回报给我们一个健康，美丽的环境。

微笑是对生活的一种态度，跟贫富、地位、处境没有必然的联系。一个富翁可能整天忧心忡忡，而一个穷人可能心情舒畅；一位健全人可能郁郁寡欢，而一位残疾人可能坦然乐观；一位处境顺利的人可能会愁眉不展，一位身处逆境的人可能会面带微笑……

一个人的情绪受环境的影响，这是很正常的，但你苦着脸，一副苦大仇深的样子，对处境并不会有任何的改变，相反，如果微笑着去生活，那会增加亲和力，别人更乐于跟你交往，得到的机会也会更多。

生活并没有拖欠我们任何东西，所以没有必要总苦着脸。应对生活充满感激，至少，它给了我们生命，给了我们生存的空间。因此，不要再对生活自暴自弃，对他充满信心，充满希望，只有这样，它才会对你微笑。

2. 拥有一颗宽容之心

法国作家雨果曾经说过："世界上最广阔的是海洋，比海洋更广阔的是天空，比天空更广阔的是人的胸怀。"人际交往、待人处事，如果没有宽容，就没有友情，没有了宽容就失去了善。宽容是一种美德，一种修养，也是衡量一个人层次高低的标准。

每个人都不是一座孤岛，我们需要他人的爱心，他人也需要我们的帮助。倘若都只顾着自己，世界就会越来越冷酷无情。相反，如果大家都能互相体谅，把体谅当成自然，那么，世界会变得令人留恋。大家都有一颗心，都能感知到阳光，都能反射阳光的恩泽，如此，你给予的同时阳光会照亮你的生活。只有宽容地看待人生和体谅他人时，我们才可以获取一个放松、自在的人生，才能生活在欢乐与友爱之中。

一个迷茫的人向一位僧人请教，他问该如何让自己宽容与快乐，僧人回答："其实很简单，我总是把仇恨与哀怨都写在心灵的沙滩上，把宽容和仁爱都铭刻在心灵的碑石上，海风吹拂，潮涨潮落，沙滩上的字是存留不住的，还会平整如初，但刻在心灵碑石上宽容与仁爱却是永恒的。"他听后微微一笑豁然开朗。

虽说这世上还会有很多的不平等，这更需要我们每个人都能以宽大的胸怀去善待别人。善待他人，是一剂良药和阴云遮不住的晴空，是一朵馨香的花朵，给别人幸福给自己快乐。生活在同一片蓝天下，人能相遇是上天对我们的恩赐，不管遇到的人是谁，只要用一颗善良的心去对待别人，那么最终得到善待的总会是我们自己，因为这世界上没有谁会愿意伤害一个善良的人。当我们拿花送给别人时，首先闻到花香的是自己；当抓起泥巴抛向别人时，首先把自己的手弄脏；给别人洒香水，香气也会溢满自己的全身。付出总是有回报的。

3. 站在别人的角度看问题

人是社会的人，而从于群体，每天，我们都会与自己的同学、老师、朋友，甚至和陌生人交往和沟通，那么如何处理好其间关系，人生价值观正确与否会显得格外重要。

换位思考就是"理解"别人的想法、感受，从对方的立场来看待事情。孔子说过"己所不欲，勿施于人"，就是自己都不愿意得到的，也不要强加到别人身上。理解使我们透过别人的眼光和内心看到另一片人生天地，它帮助我们开阔视野，拓展胸襟。理解是一种融合力量，它能够将性格思想和行为方式不同的人融合到一起，有助于我们超越个人的狭隘一面，从消极、片面中解放出来，同时，真诚则是一种心灵的开放，只有做到宽以待人，站在别人的角度多想想，这样我们才能拥有别人的真诚反馈。

当然，在理解他人的同时，我们也要学会自我完善，自我反思！

尊重别人就是尊重自己，善待他人也就是善待了自己，多换位思考，多理解他人，你会发现原来生活那么美好。

4. 善待这世上与你最亲的人

世界那么大，国家那么多，对于你来说，家庭只有一个。世界上的孩子千千万，对于你来说，亲生骨肉只有一个（也许是两个）；世界上的男女千千万，对于你来说，丈夫（妻子）只有一个。你成为你父母的儿女，是缘分；你跟你爱人结婚，是缘分；你成为自己孩子的父母，更是缘分。

假如你不会善待家人，你就不配成家；假如你不会善待孩子，你就不配做父母；假如你不会善待老人，你就不配做儿女。人不管有多大本事，也不能没有家。

（1）善待老人。

老人是家庭的功臣。老人年轻的时候，把自己的青春年华奉献给了社会和家庭，如今，他们年老体弱，应当受到社会的尊敬和家人的照顾。作为儿女，我们要善待老人，尊重他们的意见，不要与他们争论。我们善待老人，就要学会洗耳恭听他们的教诲——少说"不"，多说"是"。你善待老人，将来你的孩子也会善待你。歌德说过："我们要体贴老人，要像对待孩子一样。"老人就是绿叶，儿女就是红花，绿叶甘为红花的陪衬，红花更应善待绿叶。没有绿叶，哪有红花？

（2）善待你的丈夫。

善待丈夫请从赏识和温柔开始。在你心中，丈夫永远是个重要人物。要让他知道，他对于这个家是多么重要，"我们不能没有你"。不要总是埋怨、指责丈夫，要善于发现他的长处，称赞他说："你真棒！"你只要对丈夫谈论他自己，他就会兴致勃勃地听下去，尽管他说他很忙。

（3）善待自己的妻子。

女人热爱生活，热爱工作，热爱家庭，更关注丈夫是否持久地爱

自己。在你学会尊重女性之前不要结婚。婚前的尊重是必然，而婚后的尊重是必要。如果你想每天都快乐，就不要责怪你妻子的治家本领，也不要拿她的不足跟别人做比较。要赢得妻子的青睐，只要跟她谈她自己就可以了！

　　人生是一条单行道，很多时候我们没有回头的机会。年轻的时候，我们都有过不堪重负甚至绝望的时候，也想过生命的无谓。在不如意的时候，歇歇脚，想想自己的父母，回头看看曾经付出的艰辛，深呼吸，卸下包袱，怀着一颗感恩的心，善待生活，善待自己的爱人，善待自己吧。

健康是一切幸福生活的承载体

　　随着城市生活节奏的加快和工作竞争压力的加剧，越来越多的年轻人正在透支健康以储蓄金钱。正值盛年的年轻人应警惕陷入"健康负债"之中。

　　"我当然知道健康重要，可每天要忙的工作太多，需要考虑的事情也很多，但惟独没有时间考虑健康。"今年才29岁的蒋渝青已经是广州一家外企的中层管理人员，她一天的大致时间表：早晨7点半起床，一般不吃早饭便赶到公司，对着电脑一坐就是一个上午，午饭吃一盒盒饭就凑合过去，有时是方便面，下午继续忙，晚上常有应酬，与客户喝酒、泡吧、"斗地主"、谈生意，往往十一二点才能回家。

　　事实上，这也是当下许多年轻人的生活模式，他们认为青壮年正是精力充沛、拼命赚钱的好时光。有人认为自己年轻，抵抗力好，能吃能喝能睡就没病，即便碰上一些小症状，坚持一下也就挺过去了。

所以他们引以自豪的是自己可以一天工作十几个小时，一周工作六七天，吃着不规律的三餐，同时保证高效率的工作，甚至必要的时候可以几天几夜不睡觉……"年轻的时候用健康换金钱，老了就用金钱换健康。"如今，越来越多的年轻人常常把这句话挂在嘴上自我调侃。

这些青年族群包括不少高知阶层和白领分子，对健康和金钱的关系，正步入一种十分有害的认识误区。而且，他们已经形成的不良的生活方式正在让他们付出代价。据统计，我国死亡率最集中的年龄段目前是 30～50 岁，高知人群的平均寿命仅 58.5 岁，尤其是那些长期在电脑前工作、缺少户外阳光运动和饮食结构不均衡的年轻上班族，患上颈椎增生、骨质疏松、微量元素缺乏和脂肪肝等的情况尤为突出，这实际已经陷入"健康负债"之中。

为此，特别要提醒，忙碌的年轻上班族要抱有正确的生活态度——主动健康远重于医疗救治，关注健康就是积累财富。

年轻上班族，从现在行动起来，端正生活态度，积极主动的锻炼，保持健康，这远重于医疗救治，关注健康就是积累财富。金钱重要，我们不能没有钱，这是现实；但是赚钱要以健康为重，算一笔账，健康快乐的赚钱，远远大于你拿双份的薪水和再多的奖金。健康是福！年轻人，请别透支健康来存钱！

要养成好的生活方式。好的生活方式使得 40 岁左右人的健康程度和 20 岁左右生活方式不良的年轻人的健康状况几乎一样。人类的健康寿命问题 40% 在于遗传和生存的环境条件。其中 15% 为遗传因素，10% 为社会因素，8% 为医疗条件，7% 为生活环境和地理气候条件，而 60% 需要要摆脱生活方式病。

生活方式疾病的高发人群多为知识分子、管理人员、企业家、新闻工作者、演艺人员、出租司机等。那些因工作繁忙、过度疲劳、精神紧张、饮食失调、缺乏锻炼和休息而"过劳死"的学者、专家和高管们，他们当中相当大的一部分人是中青年人，正处于一生中最有作为的黄金时期，然而，他们因不堪生命的重负而过早地走了，他们的

英年早逝给各自领域，给我们的社会带来了不可估量的损失。

　　由于"生活方式疾病"隐匿形成的特点，决定了其很容易被人们忽视。"生活方式疾病"是因长期以不健康的生活方式生活而形成的，其形成过程不像传染病那样来得突然，而是隐蔽的、渐进的和缓慢的，最初总是以不易觉察的"亚健康状态"表现出来。然而，一旦"亚健康状态"演变成"生活方式疾病"后，要恢复原来的健康就不大可能，有很多人就是因此而失去了健康甚至生命。因此，不健康的生活方式，就如同一个隐形杀手，会在不知不觉中损害我们的健康，威胁我们的生命。美食者除了有享受美味的良好感觉外，没有任何不适。只有当一顿又一顿地不断积累，到了一定程度，以致于身体无法调节而演变成疾病后，我们才深受其害，高血压病、高脂血症、肥胖病、冠心病等"生活方式疾病"接踵而来。正因为是不知不觉，正因为"惩罚"滞后，所以没有人把不健康的生活方式当回事，明知"吸烟有害健康"，仍然"吞云吐雾"，我行我素。

　　而且长期的办公室生活不知不觉让众多的年轻人都陷入了亚健康状态，肥胖、嗜睡、腰酸腿麻这些亚健康症状接踵而来，使得年轻人丝毫没有年轻人的生气。

　　尽管如此，但是"生活方式疾病"也是可以预防的，而且预防"生活方式疾病"比预防传染病要简单得多，即不需要任何药品，也不需要任何仪器。只要我们每个人能从日常生活的点滴做起，持之以恒，按照"合理膳食，适量运动，戒烟限酒，心理平衡，讲究卫生、劳逸适度，起居有常"的要求，养成良好的生活习惯和保持健康的生活方式，就可有效防范这些疾病。

　　如果注意生活和保养，那么处于亚健康的年轻人就可以变得健康，但如果你还是按以往不正确的生活方式生活，那么很不幸地告诉你：你很快就会成为生病的一群，因为你的身体已经不能经受一再的肆意挥霍了！要保持健康，我们需要注意以下的方面：

1. 积极乐观的心态

可以说这一点是非常重要的，关系到你的健康！据科学分析，当一个人情绪低落、暴躁、烦闷等等情况下，身体内会产生相应的反应，大量的细胞死亡，产生很多的毒素，这些可以通过人的气色看出来，这时候的人脸上经常是阴沉沉的，甚至发黑，偶尔如此可能不会产生太大的影响，但是长此以往，会导致你的身心受到很大的伤害，作为都市上班一族，我们所面对的压力是何其大啊，就业的压力，工作的压力，生活的压力、供房的压力等等，所以保持一种乐观的心态——不以物喜、不以己悲是非常重要的！但是现今社会，物欲横流，多少人渴望成功，渴望过上好的生活，但是，想想，你拼搏了多少年获得了成功，可失去的是健康甚至你的生命。这样的例子也数不胜数：国内知名 IT 企业发生的员工过劳死和由于压力大自缢事件，一些壮年企业家的英年早逝。所以保持积极乐观，调节好工作和生活，是我们保持健康的关键之一。

2. 充足的睡眠

正常的年轻人一天需要保证 6～8 小时的睡眠，当然这是指比较好的睡眠；很多人认为熬夜很正常啊，觉得自己身体很好，熬熬夜没关系，早上起晚点也可以，这样的想法就大错特错了，一般晚上 11：00～1：00 是人体器官休息的时间，而 1：00～2：00 是肝器官休息的时间，它们工作了一天，到这时候才休息一会，然后如果你还在挑灯夜战的话，那么你的身体的器官们也在疲劳地工作着，长期下来会加速其衰老。保持良好的作息时间是保持你健康的基础。

3. 适量的运动

大家都知道生命在于运动，所以运动与健康是息息相关的，运动可以分为：有氧运动，如散步、慢跑等；无氧运动，如短跑；还有伸展运动，这种运动适合在办公室中来进行，如办公室的体操，可以避免长时间办公室工作造成的身体上的伤害。这里，建议你经常做有氧

运动，适量的有氧运动对于健康有益，而剧烈的运动对于身体并没有好处，很多人认为运动员身体好，实质上长期从事无氧运动的运动员身体其实并不一定好。建议每天坚持一定时间的慢跑，这样对于身体是很好的。

4. 均衡的营养

谈到营养，这也许是现在最热门的话题，如何吃出健康，吃出美丽是人们普遍关注的问题，然后随着快餐文化和环境污染等等影响，人们可以说是吃得越来越好了，但是却吃得不健康，大量地摄入垃圾食品和不健康的饮食习惯都严重地影响了身体。

一位著名的营养学家说过：有些人不是死于疾病，而是死于无知。虽然这句话说得有点严重，但是却道出了很多年轻人的弊病，那就是不注意保健知识的积累和应用，过去我们是因为人民整体生活水平落后没有条件，现在有条件了，就一定要从小做起关注健康，关注保健，关注我们生命的每一次律动，只有这样我们才能在人生的道路上走得更好、更远。

平衡生活与工作是一门艺术

"工作是一个橡胶球，你把它丢在地上，它还会弹回来。但是另外四个——家庭、健康、朋友和精神是玻璃球，如果你把其中任何一个丢在地上，它们将不可避免的磨损、打上印痕，甚至支离破碎。它们永远都不会一样。你必须懂得那些，并且致力于你生活中的平衡。"

——Brain Dyson 可口可乐首席执行官（1959 – 1994）

这几年来，"英年早逝"的事件在各地屡有发生，"过劳死"离

我们的生活不再遥远，如何在工作和生活间找到一个安全的落脚点，成为大家迫切想得到解答的问题。

在今天这个疯狂发展的世界，找到工作和生活之间的平衡点，不是一个简单的任务。在工作上花费更多的时间，就意味着你会错过提升个人生活质量的机会。更进一步说，如果你面对着个人生活中的诸多挑战，照顾年事已高的父母，为婚姻问题所困，或者金融危机，那你将很难全身心地投入到工作中。

无论你关注于工作的时间是过多还是过少，当你感觉到你的工作和私人生活不和谐了，就会带来压力。你需要发现工作中的平衡点。成功固然值得喝彩，但失败也不要丧失斗志。生命是一个过程，同样是一个为生活的平衡奋斗的过程。

对一个完美主义者来说，一件事情完成了90%和只完成了10%，他受到的挫折程度是一样的。因此，虽然完美主义者并不关心效益，但是由他们完成的工作通常产生的效益都是最高的。一件事情，做得"完美"比做得"不错"是要多付出好几倍的努力的。从管理学上引申而来的"8020定律"就认为，很可能把一件事情完成80%只需要付出你20%的精力，但是要把剩下的20%完成却需要耗尽你剩下的80%精力。也就是说，完美主义者们虽然工作的效益很高，但是效率却很低，因为他们总是在努力地把大部分的精力用于把本来已经完成得不错的工作做得完美无缺。当面对大量工作时，他们就会毫无疑问地开始透支自己的身体。任何人都要明白，一个人一生最多也只能把一件事做得完美，如果你的完美主义已经泛滥，那你肯定已经处于过劳状态了。对此我们建议：当你不堪劳累时，可以把最佳的性价比作为追求完美的对象，如此一来，当看到一件事情你的完成程度和投入精力的比例确实是一个"完美"的最大值时，同样也能产生很大的成就感，相信你的身体也会感谢你的。

有的人身居高位，肩负重任，很容易就会产生一种对任何事情都不放心的心态，事无巨细，事必躬亲。好像任何事情都必须他亲自操

办才可靠，权力也很少下放。

松下公司的创始人，"经营之神"松下幸之助在他60岁的时候，由于过度劳累而病倒，医生建议他放下工作静养数月，他马上表示反对："静养？你知道每天有多少事务在等着我处理吗？你知道我们公司养活着多少员工吗？我怎么有时间休息！"医生没有反驳他，只是带他来到一间教堂的墓地里，指着一个个墓碑说："你迟早也会像他们一样躺在这里，你去世后，公司马上会产生新的董事长，所有人都会一如既往地继续工作。你的身体只是属于你自己的，地球不会因为谁而停止转动。"松下幸之助沉默了，回去之后，他很快做出了一个惊人的决定，在他的事业正处于巅峰状态的时候宣布退休。

你我都不是地球球长，没有人独力承担着天下苍生的命运，在你想对别人负责之前，先对自己的身体负责，对自己的生命负责。

1. 工作与生活关系处理能力自测

对于具体的个人而言，是否做事太辛苦并没有一个客观的标准。有些人也许愿意每天都熬到很晚，一周工作50个小时，而有些人也许一周熬一两个晚上就觉得难以忍受。当一天结束时，工作与生活的关系究竟处理得如何，这取决于你自己的看法。因此，你可以花一点时间来进行下面这个小测验，看看你是否很好地处理了工作与生活的关系。

阅读下面的问题，根据自己的情况进行判断。选同意或不同意即可：

（1）每天清晨起床，我总是觉得精力充沛。

（2）家人经常抱怨我老是不在家。

（3）我至少有两项与工作毫无关系的嗜好或休闲兴趣。

（4）我觉得现在还不如过去快乐。

（5）我总是将所有的奖金用于休闲娱乐。

（6）我有时会因为考虑工作中的事情而半夜惊醒。

（7）我总是觉得工作与个人生活有冲突。

（8）如果现在死去，我会为自己留下的遗产而感到骄傲。

（9）我很少在工作日的晚上有精力出去参加活动。

（10）我很少因为工作而失约，不去参加朋友的聚会。

给你的工作与生活关系自测练习打分，并按照下面的方法来计算你的得分：

问题（2）、（4）、（6）、（7）、（9），如果你同意，则加1分。

问题（1）、（3）、（5）、（8）、（10），如果不同意，则加1分。

得分和相关评论：

0~1　你在工作与生活的关系上处理得很好，人人称美。不过，还是得向你提出两点建议：

第一，确信你时刻牢记自己的生活目标与未来的职业计划，以继续保持你这种令人称美的状态；第二，请注意，你这种将个人生活看得过重的态度不会妨碍到你未来的职业前途。

2~4　你对工作与生活的关系处理很多时候还是令人满意的。工作也许会偶尔妨碍到你的个人生活，不过总体上还是属于处理得不错的。但是你如何才能保持这种状态，同时又使自己在事业上有所发展呢？

5~7　工作好像对你的生活造成比较大的影响。也许你自己也不愿意工作到很晚，也不愿意周末不休息。也许工作的压力让你感到即使在不工作时也疲倦和烦躁。如果这种状况并不是暂时现象，那么你需要采取措施来调整这种工作与生活的不平衡状态。

8~10　工作好像是你生活中的支配因素。你好像就根本不存在工作以外的生活。事实上，如果这种状态持续很长时间的话，你的健康与个人关系就会遇到危险。你能保证自己以后一直保持这种工作状态吗？赶快采取行动加以补救。

进行这个小测验的目的是了解你是否快乐。你对自己的工作与生活的关系感到满意吗？

2. 平衡生活与工作的小贴士

这里有 10 个小贴士，可以帮助你达到平衡点——或者至少可以让你不必担心。花一点时间去阅读，并且反思，然后使你的生活达到平衡。

（1）养成按时下班的习惯。

你不照顾自己没人照顾你。我们不是机器，除了工作我们还要休息和生活。偶尔加班问题不大，但一定要不断地提醒自己，生活比工作更重要。

（2）做些有意义的事情充实生活。

业余时间做一些有意义的事情。做一些志愿者工作，比如和老人聊天。发现自己的能力，发挥你的长处。

（3）坚持固定的生物钟。

按时睡觉、按时起床，这是健康生活的基础。培养好生物钟可以让你的睡眠质量更高，醒着的时候更有精神。

（4）让生活放慢节奏。

有意识地放慢节奏。慢点走，慢点开车，慢点说话，关注一下周围发生的事情。尝试一下瑜珈和冥想。你不需要跑着生活。

（5）友好对待别人。

建立对周围人的热情、耐心和忍耐力。与周围人友好相处会给你带来很多快乐。对周围的人宽容一些能够帮助你建立和他们之间的融洽关系。

（6）享受个人的生活圈子。

和自己的朋友和家人一起创造属于你们的文化氛围。经常和你喜欢的人在一起，告别电视机和沙发，和朋友一起读读书，参加公益活动或者去远足。

（7）健康是你个人的事情。

不要让别人的坏习惯影响你。如果周围的人都抽烟不代表你也要这么做。如果周围的人都吃垃圾食品不代表你也要这么做。如果周围的人都不锻炼身体不代表你也要这么做。只有你关心你自己。

（8）懂得拒绝别人。

如果不是你答应别人的每一个请求，你就可以腾出很多时间来做自己想做的事情。如果不会拒绝别人，你永远有做不完的事情。

（9）克制你的物欲。

如果克制住去买那些你并不需要的东西的欲望，你可能就没有这么大的工作压力了。那些你觉得买来就会改变你生活的东西，在拥有后往往并不能填补你的空虚。和你周围的人攀比不能给你带来满足和快乐。想想到底什么是你真正需要的。

（10）不要勉强自己去适应别人。

如果和周围的文化氛围格格不入，不要勉强自己。工作压力、飞快的生活节奏，好像周围的人都在向你鼓吹和赞美这种生活方式。如果这不是你想要的，没必要随波逐流。我是一个有自己感受和需求的人，我不需要屈就那些不符合我的价值观的东西。

要懂得放弃的智慧

中国有句古话：有所为就有所不为。有所得，就必须有所失。什么都想得到，也许最后得到的很少。要想获得某种超常的发挥，就必须扬弃许多东西。瞎子的耳朵最灵，因为眼睛看不见，他必须竖着耳朵听，久而久之，耳朵功能达到了超常的境界；会计的心算能力最差，2 加 3 也要用算盘打一遍，而摆地摊的则是速算专家。生活中也一样，当你的某种功能充分发挥时，其他功能就可能退化。

当你拥有六个苹果的时候，千万不要把它们都吃掉，因为你把六个苹果全都吃掉，你也只吃到了六个苹果，只吃到了一种味道，那就是苹果的味道。如果你把六个苹果中的五个拿出来给别人吃，尽管表面上你丢了五个苹果，但实际上你却得到了其他五个人的友情和好感。以后你还能得到更多，当别人有了别的水果的时候，也一定会和你分享，你会从这个人手里得到一个橘子，那个人手里得到一个梨，最后你可能就得到了六种不同的水果，六种不同的味道，六种不同的颜色，五个人的友谊。人一定要学会用你拥有的东西去换取对你来说更加重要和丰富的东西。

人性的欲望永远是无穷的，而欲望的存在有时并不是一件好事，属于自己的应该珍惜，而不属于自己的就学会放弃。生命之中，不属于自己的太多太多，而人只有一双手，握住的总是有限的。

一个人一生之中，当遇到各种各样的选择与诱惑时，我们应该学会有选择地放弃。放弃不是一种无奈，也不是一种无为，其实理智与正确的放弃，是一种成熟，更是一种智慧。

欲望越小，人生就越幸福。其中蕴含着深刻的人生哲理。众所周知，我们每个人在懂事后都会有这样那样不同的欲望，欲望是我们前进的根本动力。但是为什么有时候还是欲望毁了我们的一切呢？那是因为我们不懂得放弃，贪婪地想拥有一切，结果却一无所获！

生活就像一个容器，我们拼命地往里面装东西。不管这容器的外表是否华丽，里面的容积都是有限的。而最初的我们，就如杯里装的清澈的水，至于能调出什么口味的饮品，完全取决于我们往里面加什么样的作料。

世间的味道千千万万，但是只有一种是适合自己的。但是，生活当中，该有多少人为了让自己这杯水色香味俱佳而无谓地往里面加着各种各样的作料，诸如爱情、友情、金钱，喜、怒、哀、乐……等等。最终，这杯百味饮品却让人无法消受。所以他们都感到活得非常"累"。然而，却有许多人都在自愿地享受着压力。这无形的生活压

力，是如何造成的呢？你不妨看则小笑话。

有一只狐狸，看到围墙里有一株葡萄，枝上结满了诱人的葡萄。狐狸馋涎欲滴，它四处寻找进口，终于发现一个小洞，可是洞太小了，它的身体无法进入。于是，它在围墙外绝食了六天，饿瘦了自己，终于穿过了小洞，幸福地吃上了美味的葡萄。可是，后来它又发现，吃饱后，它的身体无法钻到围墙外，于是，它又绝食了六天，再次饿瘦了身体。结果，回到围墙外的狐狸仍旧是原来那只狐狸。

其实，在生活当中，很多人为了"得"而无谓地失去了很多东西。比如，为了求得一份收入丰厚的工作，有不少人放弃了个人的兴趣追求。做事情往往超负荷运转，个人空间极小。从社会对劳动力的不同需求来看，这种选择无可厚非，但这往往并不是人们心目中最理想的选择。赚钱当然是必要的，但人们除了赚钱之外，对其他事物也不应该放弃追求，如自由的时间，健康的身体，满意的人际关系和幸福的家庭等等。因此，一份相对自由的、能充分发挥个人聪明才智的工作将逐渐成为人们的首选择业目标。此时，人们就可能拥有更多灵活的时间，弹性安排自己的生活。这样的工作才是个性化的、理想的工作。

放弃其实是为了更好地得到，是在放弃中进行新一轮的进取，绝不是三心二意。

有一个大学时的高材生，经过一段社会历练后，以前的那股锐气和豪情壮志自然是没有了，而是一副不堪重负的样子。他怨自己当初选错了行业，到了一个不能发挥自己优势的陌生行业。

问他为什么不考虑换换工作呢？他说，干了这么多年，付出了那么多，放弃这些，再从零做起，以前不是白干了？眼睛里满是何必当初的绝望。所以坚守，一直坚守，绝不回头，听来多么英雄气短。何

况还有这样的疑虑：放弃了，再做别的，就一定能成功吗？所以他还是选择了等待。而他很多熟悉的朋友从零起步，现在已是大有作为。他的一位同学，5 年前辞去一份收入不菲的工作开始创业，现在已拥有数千万资产的公司。

　　真正的强者，还要学会认输、学会放弃。放弃了才能再做新的，才有机会获得成功。这样的放弃其实是为了得到，是在放弃中开始新一轮的进取，绝不是低层次的三心二意。拿得起，也要放得下；反过来，放得下，才能拿得起。荒漠中的行者知道什么情况下必须扔掉过重的行囊，以减轻负担、保存体力，努力走出困境而求生。该扔的就得扔，生存都不能保证的坚持是没有意义的。

　　所以千万不要去强求你力所不及的东西，虽然那是一个诱人的美果。但是对你来说，不切实际的追求，最终的结果不单是毁灭了你的一切努力，还会伤害了你的体力，精神或情感。懂得放弃是一种智慧，年轻人应该学会如何轻松地驾驭自己的人生，把自己从"累"的压力中解脱出来。

　　命运一直藏匿在我们的思想里。许多人走不出人生各个不同阶段或大或小的阴影，并非因为他们天生的个人条件比别人要差多远，而是因为他们没有想过要将阴影突破，也没有耐心慢慢地找准一个方向，一步步地向前，直到眼前出现新的洞天。

　　现年 60 多岁的英国退役军人迈克·莱恩曾是一名探险队员。1976 年，他随英国探险队成功登上珠穆朗玛峰。在下山的路上，他们遇到了狂风大雪。每行一步都极其艰难，最让他们害怕的是风雪根本就没有停下来的迹象，而且食品也为数不多了。如果停下来扎营休息，他们很可能在没有下山之前就被饿死；如果继续前行，大部分路标早已被积雪覆盖，不仅要走许多弯路，而且每个队员身上所带的增氧设备及行李等物都压得他们喘不过气来，步履缓慢，这样下去他们

不饿死也会因疲劳而倒下。

在整个探险队陷入迷茫的时候，迈克·莱恩率先丢弃所有的随身装备，只留下不多的食品，提出轻装前行。

他的这一举动几乎遭到所有队员的反对，他们认为现在到山下最快也要 10 天时间。这就意味着这 10 天里不仅不能扎营休息，还可能因缺氧而使体温下降导致冻坏身体。那样，他们将面临生命危险。面对队友的顾忌，迈克·莱恩很坚定地告诉他们说："我们必须而且只能这样做，这样的雪山天气十天甚至半个月都有可能不会好转，再拖延下去路标也会被全部掩埋。丢掉重物，就不允许我们再有任何幻想和杂念，而且徒手而行可以提高走的速度，也许这样我们还有生的希望！"结果，队友们采纳了他的建议，一路互相鼓励，忍受疲劳、寒冷，不分昼夜只用 8 天时间就到达安全地带。

世事如此繁杂，并不是每一次的选择都是对的，也并不是每一次的放弃都是错的。有些东西我们必须学会放弃，或许于那每一次理性与成熟的放弃之后，就将得到另一种收获。

请记住这句话：**上帝为你关了一扇门，同时也为你打开了一扇窗子。学会适时地放弃吧！因为学会放弃其实也是一种智慧！**

第八章

这十年，去活出自己的精彩

一定要有独立生活的能力

年轻人对于现实对于未来都有一腔激情和热血，这是件多么让人振奋的事情，但是有个不得不面对的问题：你凭什么能在这个世界上生存下来，而且生存得比其他人更好？虽然这个问题有点残酷，但是，确是如此的现实。

答案有两种可能：一是你有庞大的家业可继承，天生就可以过衣食无忧的生活；二是你具备优秀的生存本领，凭智慧和汗水获得想要的幸福。

20多岁，正是玩兴正浓的时候，一向养尊处优的你或许从来没有机会考虑生存的压力，因为即使天塌下来也有父母为你扛着，所以你觉得现在考虑生存的问题为时尚早。

然而，不管一个人是否有能干的父母，还是有不菲的家业做后盾，他都必须有生存的本领，不能依靠别人生活一辈子，否则一旦失去后盾，将会变得一无所有，甚至连生存都受到威胁。

天下没有免费的午餐，独立自主才能活出无悔人生！

亿万富翁雷·克洛克是麦当劳的创始人。在一次采访中，记者问他是否吃免费的午餐。克洛克说："我从不吃免费的午餐！"他向大家讲到了一个小小的故事：

几年前美国加州的蒙特雷镇发生了一场鹈鹕危机。蒙特雷镇是鹈鹕的天堂，可那一年鹈鹕的数量却骤然减少，生物学家担心出现了禽鸟瘟疫，环境学家认为海水污染已经超过极限，一时间人心惶惶。科学家们最后发现原因是镇上新建的钓饵加工厂。

以往，蒙特雷镇的渔民在海边收拾鱼虾时，总是把鱼内脏扔给鹈

鹕吃。久而久之，鹈鹕变得又肥又懒，完全依赖渔民的施舍过活。后来蒙特雷镇建起了一座加工厂，从渔民那里收购鱼内脏，作为原料生产钓饵。自从鱼内脏有了商业价值，鹈鹕们的免费午餐就没了。

过惯了饭来张口的日子，鹈鹕仍然日复一日等在渔船附近，期盼食物能从天而降，不用说，救命的鱼内脏没有降临，它们变得又瘦又弱，很多都饿死了。而世世代代靠别人养活的蒙特雷鹈鹕已经丧失了捕鱼的本能！

或许现在的你，正像鹈鹕一样，为一直以来吃着父母提供的食物而沾沾自喜。吃饱了上一顿，继续等待家人提供下一顿，可你为什么不想想鹈鹕失去免费食物后的潦倒状况呢？如果过惯了养尊处优的生活，很容易变得懒惰，失去理想和追求，我们生活也就失去了意义。

因此，即使这个世界上有免费午餐，也不可以随意吃。如果想在这个世界上生存下去，生活得更好，就应该靠自己的努力去争取。让自己独立，依靠自己是惟一稳妥的生活方式。美国的富商、石油巨子大卫·洛克菲勒的成长经历就是很好的例子。

大卫是石油大王约翰·洛克菲勒的儿子，他出生的时候，家里已经有亿万的财产，可他们兄弟每周只能得到三角钱的零用钱。同时，按父亲的要求，每人还必须准备一个小账本，将三角钱的使用去向记录在上面。经过检查，如果使用合理，还能得到奖励。

他的父亲让大卫从小就懂得了金钱的价值，零用钱是有限的，如果想获得更多的钱，怎么办？方法只有一个：自己去赚取。

大卫小的时候，从家庭杂务中挣钱，例如捉走廊上的苍蝇100只，得一角钱；抓阁楼上的老鼠，每只可得到5分钱。他有一招更绝，他设法取得了为全家擦皮鞋的特许权。然而，他必须在清晨6点起床，以便在全家人起床之前完成工作，擦一双皮鞋五分钱，一双长统靴一角钱。大卫有一位大学同学，是花钱大手大脚的富家子弟，甚至可以在开口索

要之前就得到想要的任何东西。可大卫说："他是我认识的最不幸的人，他换了无数次工作，永远也不会发挥自己的能力。"

人每天都在一点一滴地成长。而在成长的过程中，会遇到无数挫折和失败。或者这就是命运给予每一个人的历练吧！让我们有成长的机会，亦有学会独立与坚强的机会。

以前经常听别人说，独立就是不依赖父母，能够自己打理好自己。但是想做到持续性的独立原来不是那么简单。可能独立受环境的影响，在环境迫使的条件下，人不得不独立；但人总是有惰性的，在有依靠的环境下，人可能就会"丢弃"独立。

很多时候，我们总是在听别人的意见来决定自己该怎么做，而一直没有为自己的人生设计要怎样走，上什么样的学校，都是父母在安排，完全失去了自我。而我们也在习惯中渐渐地接受了命运的安排，按着一般人的脚步走完了无味又无助的人生。

在这提醒所有的年轻人，今天起就该醒悟了，做个独立的人，做个有思想的人，做个为自己而活的人吧。只有独立的人才有权力完成自己，只有独立的人才有资格说他活着不后悔。

这种独立自主是有很深的含义的。独立自主，是要求自己能有自己独立的思想，独立的人格，以及遇到苦难时自己能独立地判断和思考，并且能经济上独立，自己养活自己，还要能尽自己对家庭和社会的责任。当然，这并不是说遇到一切事情时自己单枪匹马才叫独立自主，可以采纳别人的意见，可以寻求别人的帮助，但是最主要的是要有自己的思想和决断力。

做个独立的人，你会更快乐！你会过得更幸福！

所谓独立，有思想上的独立，经济上的独立，生活上的独立，工作上的独立，感情上的独立……因为我们是普通的凡人，无法做到尽善尽美，正因为有了缺憾，所以人生才会更美。

对于思想上的独立：能够辨别事情的正负面影响，在事情的一开

始，就能够看到它的大致结果，能够分清事情的来龙去脉……有独立思想的人，会有和别人不一样的境界会受到大家的敬佩和爱戴，你的生活会和别人有着质的不同。

经济上不能独立，依靠父母，依靠别人……你会过得很自卑，对生活没有自信，你的烦恼会随着时间的增长变得越来越多。经济上独立了，你不会受别人的支配，你可以享受消费带给你的快乐，它会使你的心情更快的调整过来。经济不能独立，你的心情会越来越糟，会越来越郁闷，你无法找到快乐。人生不在它的长短，而在于是否精彩。

衣服不会洗，饭不会做，连普通的家务都不能做，只能给你的家人和朋友带来苦恼，而无法带来快乐。因为你一个人大家都不快乐，你的心情会怎样？不能给别人带来快乐的人，最后的结果就是大家都不快乐。

一个人要从小学会独立，理解独立，不只意味着某些事情要自己做，而且要在精神上、思想上最大程度的向往和争取自主，不受别人控制，有充分的生命权、自由权和追求幸福的权力，而不允许任何人以任何形式强行灌输思想和指导行为。

学会独立，理解独立，要尊重个人意愿和尊严。美国学校教材《公民读本》里强调，"个人尊严是至高无上的"，个人尊严的独立不是惟我独尊，不是个人利益高于他人利益，而是在强调自己独立人格尊严的同时，尊重他人的独立人格，与人相处时从容协调多方利益，善于妥协，包容自己和别人的人性弱点，不把自己的意志强加于别人。

学会独立，要追求健全完整的人格，精神上不盲目迷信和依附，行动上不依赖别人，自己掌控快乐生存的方式，而不企图将快乐建立在别人的恩赐和帮助之上。在困惑迷茫时不怨天尤人，不把错误和责任归咎推卸于别人而懒于反思。

学会独立，要懂得分享。生活中常遇到一些朋友感叹人与人沟通的艰难。其实，每个人都有自己难以意识到的局限，比如都跳不出个

第八章　这十年，去活出自己的精彩

223

人恩怨的窠臼，不顾大局在末叶枝节上斤斤计较；都不太具备自我内省的能力，宽于待己却严于律人；都偏爱强调自己的利益，而容易忽略别人的感受；都有自我膨胀的可能性，放大自己的优点与光环……说到底，都没有一颗独立自主、对人对己都负责的心，没有一副自立自省、谦卑敬虔的灵魂，都还远没具备健全的民主性格。

独立意味着脱离"舒适窝"，虽然暂时迫使你抛掉眼前的锦衣玉食，甚至要吃不少苦头，但它却是你今后获得幸福生活的资本；而依赖和懒惰，尽管给现在的你提供了安逸的生活，却是你精神上的毒瘤，让你的人生腐朽，堕落潦倒。

20多岁正是朝气蓬勃的时候，不管你的家底多么丰厚，也不应该呆在家里"坐吃"父母，一味"啃老"，而要多寻找机会，锻炼自己、独立自强。不要等到老了，时光与青春都失去了才后悔莫及。年轻就是最好的资本。趁着自己还年轻，早点独立吧！即使遭受了挫折，即使失败，也有年轻在做后盾，你又怕什么呢？

试着扩大自己的生活空间

生活总是在变化，我们多么希望有能力撑控，或者向我们有利的方向发展，但是经常事与愿违。不论我们主动适应生活，还被动适应变化，变化的发生其实已经说明，原来的状态不适合我们了。接受变化与适应变化，是一个量变到质变的过程，更是个人成长的里程碑。生活中的每一种经历都会带给我们或多或少的创伤。成长的力量，不是来自快乐，更多的是来自克服内心的痛苦与冲突，面对现实，重新找回自我。

我们每一个人的心里，都有一个小孩的我，一个成年的我，一个老年的我。我们用哪一个"我"处理问题，将带给我们完全不同的生活，因为最终的选择权都在我们自己手中。要自己快乐起来，什么时

候开始都不晚。

在生活中，很多原因会把我们逼到连翻身都不能的狭小空间。想要活下去，我们就得不断腾出更大的生存空间来获得新生。

1. 生活是自己创造的

有个老木匠准备退休，他告诉老板，说要离开建筑行业，回家与妻子儿女享受天伦之乐。

老板舍不得他的好工人走，问他是否能帮忙再建一座房子，老木匠说可以。但是大家后来都看得出来，他的心已不在工作上，他用的是软料，出的是粗活。房子建好的时候，老板把大门的钥匙递给他。

"这是你的房子，"他说，"我送给你的礼物。"

他震惊得目瞪口呆，羞愧得无地自容。如果他早知道是在给自己建房子，他怎么会这样呢？现在他得住在一幢粗制滥造的房子里！

我们又何尝不是这样。我们漫不经心地"建造"自己的生活，不是积极行动，而是消极应付，凡事不肯精益求精，在关键时刻不能尽最大努力。

你今天的生活，取决于昨天的态度和抉择，而明天的生活，也会反映出今天的态度和抉择。我们常常是消极应付而不是积极主动，凡事不肯精益求精，追求卓越，在关键时刻又不肯尽最大努力，而让自己做出来的事情不太完美。

我们常常找好多理由来原谅自己在生活中不尽力，原谅自己在生活中的敷衍，懈怠，直到看到自己的失败，我们才感到震惊！猛然间我们面对自己目前的局面而措手不及。如果之前知道，自己会生活在自己的创造品下，就不会这样了！

等我们惊觉自己的处境，早已深困在自己建造的"房子"里了。把你当成那个木匠吧，想想你的房子，每天你敲进去一颗钉，加上去一块板，或者竖起一面墙，用你的智慧好好建造吧！你的生活是你一

生唯一的创造，不能抹平重建，即使只有一天可活，那一天也要活得优美、高贵，墙上的铭牌上写着："生活是自己创造的。"

2. 给生活减负

穆罕默德和阿里巴巴是好朋友。有一次，阿里巴巴打了穆罕默德一记耳光，穆罕默德十分气愤地跑到海滩上写道：某年某月某日，阿里巴巴打了穆罕默德一巴掌。还有一次，当穆罕默德快要跌落山崖时，阿里巴巴及时拉了他一把。穆罕默德十分感激，于是在石头上刻道：某年某月某日，阿里巴巴救了穆罕默德一命。阿里巴巴十分不解。穆罕默德微笑着告诉他："我把你我之间的不快与误会写在沙滩上，是希望它在海水涨潮的时候消失得无影无踪；我把彼此之间的快乐和友谊刻在石头上，是希望它能和石头一样不朽。"

面对生活，面对生活中的许多问题，我们有太多的无奈和困惑。可是不同的做法却有不同的结果，不同的结果导致不同的人生。所以生活是可以选择的，你选择什么样的生活态度，就决定了自己什么样的人生。正如穆罕默德在面对生活中发生的问题时，他在心中留下的只是别人对自己的好，而忘记别人对自己的过错。在平时的生活中，我们也应该有这样的生活态度，去给自己的生活减减负，腾出更多的生活空间去享受生活的乐趣。

在人生的道路上，每过一段时间也需要删除一些人和事，将一些离开你人生道路的人，清理出去，将一些不值得留念的人清理出去，将一些给你带来痛苦的人清理出去……留下纯真，留下空白，将一些人生经历中的经验和感觉，去其糟粕打包压缩，存入大脑磁盘，以一个全新的面貌去迎接人生下一个阶段，这就是一个全新的系统，就是一个全新的人生。

3. 生命在不断演变

小水滴从山上汇集成小河，它慢慢地流，遇到大石头过不去的时

候，它就绕道继续流，它有个梦想，希望能流到那个传说中的大海里，所以它非常努力地往前行。

从山腰到平原，一路上都很平顺，直到到了沙漠，发现身上的水份愈来愈少，就觉沮丧。它想：我非常努力地从山上一直往下流，难道我的梦想就断送在这里？

这时候，大地出现了一个低沉声音："不要沮丧，想一想什么东西可以越过旷野，什么东西可以越过沙漠？"喔！是风，风可以越过旷野、越过沙漠，这个声音提醒了小水滴。

当你变成水蒸气，就可以散布在空气中，风就会把你带到大海里去，这样就可以完成你的梦想。的确，水滴最后变成了云，吹到大海，于是掉落到大海中。

虽然小水滴蜕变成水蒸气，但是水滴永远都是水滴，不论是原来的小水滴或是水蒸气，它的本质都是水。

当一个人经历很大的改变以后，对于他原来不接受的想法，也许他也就愿意接受了，原来追求的，他也就不追求了。人们总是在寻找适合自己施展的平台，但是内心又总是在挣扎，有太多的东西需要取舍。生命在不断演变，人在不停地思考。只有改变，生命才有意义。

4. 换一种生活方式

每天生活在平淡里，也许你觉得太没意义，太无聊，幻想更多富裕的生活，可能这是很多人的想法。可是每天生活在很宽裕、很富有的大富翁的家庭里的人们，却一直盼望着平淡、自由自在的生活。

每天生活在不同地域的人，他们有着自己的生活方式，在不同的环境中生活着。他们有的渴望更美好的生活；有的在寻找平淡、自由。其实他们无非是在寻找自己向往的生活。知道如何生活的人，他们才会过得幸福自在。之所以很多人都在不断地抱怨生活，是因为他们还不懂得如何生活。

如果你想过上幸福的生活，从今天起，就开始努力，付出了就是开心的。寻找生活的同时，你会发现生活在任何时候都可以使你开心、幸福，只不过你未曾发现而已。所以，不要羡慕，也不要放弃你现在的生活，哪怕是疼痛、肤浅……在自己现在生活的基础上，向自己想拥有的生活前进，改善自己。换一种态度去生活，相信会生活得更好。

生活在于发现，如果你发现了一点点生活的乐趣，你就会感兴趣地向着这种生活努力下去。所以，换一种生活方式，既可以改变自己的生活，又可以感觉到生活的快乐！

我们不能成为过去的囚徒

人之所以会后悔，是因为对"过去"自己做过的事感到遗憾，而又之所以焦虑，是因为担心"未来"的不确定。小时侯很努力地学习，是为了考到一所好的中学，考到好的中学又想着进好的高中，进了好的高中想着考个好的大学，将来有一份好的工作。接着又忙着赚钱养家，买房买车子，等到真正有了房子，有了车子，又不满足于现状了，总想着要赚更多的钱，买更大的房子，更名贵的车子。很多人都是这样，把自己的"满足""快乐"建立在不可预知的"未来"，却忘记了其实"快乐""满足"可以是现在。

同样的，很多人把太多的时间耗在后悔自己的过去，总是一遍一遍地责怪自己"本不应该怎样怎样的"，把太多的忧伤停留在过去，而不懂得珍惜眼前的一切。

有一位女患者，生有比较严重的兔唇，因此躲着不敢见人。许多年间，她的性格受到压抑，脾气暴躁，甚至完全变成了一个愤世嫉俗

的人。她没有任何朋友，因为她觉得谁也不会同一个相貌如此"丑陋"的人建立友情。她想方设法躲着大家，更糟糕的是她尖刻的、防范的态度使人们疏远她。

后来，她做了外科整形手术，解决了肉体上的问题。她试着调节自己，开始与人们和睦相处，但她发现过去的经历阻碍着她。她觉得自己的容貌改变了，却交不上什么朋友，也感不到快活，因为大家不会原谅她手术前的所作所为。

因此她重蹈覆辙，象过去一样感到不幸。直到后来她不再谴责自己过去的行为，不再沉溺于往日不幸遭遇的回想时，才开始了真正的生活。

对于过去失去的东西，如何才能让它们更有意义呢？如果说失去的东西是我们应该作为警告自己的历史，那么我们就要在现在做好以前没有完成的工作！

失去后还仍然沉迷于过去，那么你还将会失去现在，现在也即将变成过去，过去的过去你已经失去了，严重的是会失去将来，一个人没有了将来那真得是没有意义可言了！

我们所失去的过去，都是为现在做好充分准备的，也许当时我们并不希望自己能失去什么，也许我们当时根本也就没有失去什么……那我们也不用再去想象过去的自己！

时间的存在让我们每个人有了不一样的人生！时间的存在让我们拥有了过去、现在、将来！过去积累了经验，现在该实践经验，将来成不成功要看你自己的了！

总之失去了，就不用再去重复地浪费自己的时间！时间不会等每个人，只有把失去的当作是"经验"，这样我们才不会失去更多。也许我们每个人都曾告诫过自己，但是更要让自己明白的是：失去后就不用再去珍惜过去的什么，而是要把失去的作为自己的"历史"，必要的时候提醒一下自己，如果总是沉迷于过去那是没有意义的。毕竟世界在变，人也在变，每时每刻要更新自己。

在纽约市的一所中学任教的保罗博士曾给他的学生上过一堂难忘的课。有一个班，多数学生为过去的成绩感到不安。他们总是在交完考试卷后充满忧虑，担心自己不能及格，以致影响了下一阶段的学习。

一天，他们的老师保罗博士在实验室里讲课，他先把一瓶牛奶放在桌子上，沉默不语。学生们不明白这瓶牛奶和所学的课程有什么关系，只是静静地坐着，望着保罗博士。

保罗博士忽然站了起来，一巴掌把那瓶牛奶打翻在水槽中，同时大声喊了一句："不要为打翻的牛奶哭泣！"然后他叫学生们围拢到水槽前仔细看那破碎的瓶子和淌着的牛奶。博士一字一句说："你们仔细看一看，我希望你们永远记住这个道理。牛奶已经淌光了，不论你怎么样后悔和抱怨，都没有办法取回一滴。你们要事先想一想，加以预防，那瓶奶还可以保住，可是现在晚了，我们现在所能做到的，就是把它忘记，然后注意下一件事。"

"不要为打翻的牛奶哭泣"，这句话包含了丰富深刻的哲理。过去的已经过去，历史犹如"黄河之水天上来，奔流到海不复回"，不能重新开始，不能从头改写。为过去哀伤，为过去遗憾，除了劳心费神，分散精力，没有一点益处。

要想发挥自己的潜能，取得事业的成功，必须勇于忘却过去的不幸，重新开始新的生活。莎士比亚说："聪明人永远不会坐在那里为他们的损失而哀叹，却情愿去寻找办法来弥补他们的损失。"

我们要活在当下，让生命充满张力！我们不能成为过去的囚徒，而应该活在当下，做一个生活的聪明人。当生命走向尽头的时候，很多人都会问自己一个问题：对这一生觉得了无遗憾吗？想做的事都做了吗？自己有没有好好笑过，真正快乐过？而答案往往是：没有！

佛家常劝世人要活在当下。到底什么叫做当下？简单地说，当下指的就是：你现在正在做的事，呆的地方，周围一起工作和生活的人，活在当下，就是要你把关注的焦点集中在这些人、事、物上面，

全心全意认真去接纳、品尝、投入和体验这一切。

你可能会说："这有什么难的？我不是一直都活着并与它们为伍吗？"话是不错，问题是你是不是一直活得很匆忙，不论是吃饭、走路、睡觉还是娱乐，你总是没什么耐性，急着想赶赴下一个目标？因为你觉得还有更伟大的志向正等着你去完成，你不能把多余的时间浪费在现在这些事情上面。

有人说"我明年要赚得更多"，有人说"我以后要换更大的房子"，有人说"我打算找更好的工作"……后来钱真的赚得更多，房子也换得更大，职位也连升好几级，可是，他们并没有变得更快乐，而且还是觉得不满足："唉！我应该再多赚一点！职位更高一点，想办法过得更舒适！"这就是没有活在当下，就算得到再多也不会觉得快乐，不仅现在不够以后永远也不会嫌够。忘了真正的满足不是在以后而是在此时此刻，那些想追求的美好事物，不必费心等到以后，现在便已拥有。

活在当下是一种全身心地投入人生的生活方式。当你活在当下，而没有过去拖在你后面，也没有未来拉着你往前时，你全部的能量都集中在这一时刻，生命因此也具有一种强烈的张力。

活在当下是使生活丰富的一种方式。有的人也许拥有世界上所有的钱，但他们是"穷人"。世界上有两种穷人——富有的穷人和没有钱的穷人。充实的感觉和对物质财富拥有的多少关系不大，它往往和你生活的方式、生活的品质、生命的喜乐、生命的特性有关。而所有这些东西只有通过静心才可能感受到其中的深意。

活在当下能给你一个深深地潜入水中或高高地飞进天空的机会。人生的意义，不过是身旁一朵朵绮丽的花，享受一路走来的点点滴滴而已。昨日已成历史，明日尚不可知。而现在是上天赐予我们最好的礼物。我们为什么不好好把握当下这美好的时刻呢？

告别过去，重新拥有自由和快乐，不再为自己画地为牢，固步自封的做自己的囚徒，亦希望内心不再慌乱和哀愁，努力使自己变得平和淡然，变得不再盲从和轻信。**把握当下，活出自己的精彩。**

要靠自己去发掘自己的潜力

一位名叫史蒂文的美国人，他因一次意外导致双腿无法行走，已经依靠轮椅生活了 20 年。他觉得自己的人生没有了意义，喝酒成了他忘记愁闷和打发时间的最好方式。有一天，他从酒馆出来，照常坐轮椅回家，却碰上 3 个劫匪要抢他的钱包。

他拼命呐喊、拼命反抗，被逼急了的劫匪竟然放火烧他的轮椅。轮椅很快燃烧起来，求生的欲望让史蒂文忘记了自己的双腿不能行走，他立即从轮椅上站起来，一口气跑了一条街。

事后，史蒂文说："如果当时我不逃，就必然被烧伤，甚至被烧死。我忘了一切，一跃而起，拼命逃走。当我终于停下脚步后，才发现自己竟然会走了。"现在，史蒂文已经找到了一份工作，他身体健康，与正常人一样行走，并到处旅游。

一双 20 年来无法动弹的腿，竟然于危在旦夕的关头站了起来。这不禁让我们产生疑问：到底是什么因素使史蒂文产生这种"超常力量"的呢？显然，这并不仅仅是身体的本能反应，它还涉及到人的内在精神在关键时刻所爆发出的巨大力量。著名作家柯林·威尔森曾用富有激情的笔调写道："在我们的潜意识中，在靠近日常生活意识的表层的地方，有一种'过剩能量储藏箱'，存放着准备使用的能量，就好像存放在银行里个人账户中的钱一样，在我们需要使用的时候，就可以派上用场。"

柏拉图曾指出："人类具有天生的智慧，人类可以掌握的知识是无限的。"人类大约有 90%～95% 的潜能都没有得到很好的利用和开发，我们每个人都有巨大的潜能等待发掘。

所谓"潜能"通常是指一个人身体、心理素质等方面存在的发展

可能性。根据人的生长规律，由于在生命成长的各个阶段以及遗传基因的不同，每个人都具有各种潜能。潜能开发的本质是把你天生的智慧潜能循循诱导出来，激活你已拥有的知识和掌握新知识的能力。

人的潜能是十分巨大的，我们能做的比我们想到的要多得多。所以在自我发展方面，"你想什么，什么就是你"。加拿大病态心理学家汉斯·塞耶尔在《梦中的发现》一书里做出了一个十分惊人也极其迷人的估计：人的大脑所包容智力的能量，犹如原子核的物理能量一样巨大。从理论上说，人的创造潜力是无限的，不可穷尽的。

因此，人的自我完善与道德超越是永远没有极限的，做事没有终结，好事越多越好，贡献越大越好。

那么，我们又该如何释放自己的潜能呢？

1. "鲶鱼效应"激发自身的潜能

要释放人的潜能，就需要进行潜能激发，让人进入能量激活状态。如果一个组织中所有成员的能量都处于激活状态，那么它就可以带来核聚变效应。

潜能激发的前提是相信所有人都具有巨大的潜能，而且这些潜能还没有被释放出来。虽然人们可以通过自我激励来开发潜能，但更可靠、更适用的方法是通过外因的激发带来能量的释放。因为自我激励需要坚强的意志力，而外因的激活则是人的一种本能反应，而且它的激发本身带有一种竞技游戏的效果。

"鲶鱼效应"是最经典的潜能激发案例，所以一个组织中需要有几条"鲶鱼"，"鲶鱼"本身未必有多大能量，但他可以给整个组织带来能量释放的连锁反应。

很久以前，挪威人从深海捕捞的沙丁鱼，总是还没到达岸边就已经口吐白沫，渔民们想了无数的办法，想让沙丁鱼活着上岸，但都失败了。然而，有一条渔船总能带着活鱼上岸，他们带来的活鱼自然比

死鱼的价格贵出好几倍。这是为什么呢？这条船又有什么秘密呢？

原来，他们在沙丁鱼槽里放进了鲶鱼。鲶鱼是沙丁鱼的天敌，当鱼槽里同时放有沙丁鱼和鲶鱼时，鲶鱼出于天性会不断地追逐沙丁鱼。在鲶鱼的追逐下，沙丁鱼拼命游动，激发了其内部的活力，从而活了下来。

这就是"鲶鱼效应"的由来，"鲶鱼效应"的道理非常简单，无非就是人们通过引入外界的竞争者来激活内部的活力。

2. 经常给予自己积极的暗示

人们常常埋怨社会埋没人才，其实，由于缺乏信心和勇气、自卑、懒惰、安于现状、不思进取，自我埋没的现象也是相当普遍的。如果我们能多给自己一点刺激，多给自己一些积极的暗示，多一点信心、勇气、干劲，多一分胆略和毅力，就有可能使自己身上处于休眠状态的潜能发挥出来，创造出连自己也吃惊的成功来。

俄国戏剧家斯坦尼斯拉夫斯基在排一场话剧时，女主角因故不能参加演出，出于无奈，他只好让他的大姐担任这个角色；可他大姐从未演过主角，自己也缺乏信心，所以排演时演得很糟，这使斯坦尼斯拉夫斯基非常不满，他很生气地说："这个戏是全戏的关键，如果女主角仍然演得这样差劲，整个戏就不能再往下排了！"

这时全场寂然，屈辱的大姐久久没有说话，突然她抬起头来坚定地说："排练！"一扫过去的自卑、差涩、拘谨，演得非常自信、真实。斯坦尼期拉夫斯基高兴地说："从今天以后，我们有了一个新的大艺术家。"

事情非常明显，如果不是斯坦尼斯拉夫斯基的发火使他大姐受到刺激，积聚在大姐身上的表演潜力便不可能迸发出来。

3. 只有实践才能激发潜能

要养成习惯，先从小事上练习，"现在就去做"，这样你很快便会

养成一种强而有力的习惯。此外还要：

（1）调高目标，激发自己的想象力。

真正能激励你奋发向上的是确立一个既宏伟又具体的远大目标。许多人惊奇地发现，他们之所以达不到自己孜孜以求的目标，是因为他们的主要目标太小，而且太模糊，使自己失去主动力。如果你的主要目标不能激发你的想象力，目标的实现就会遥遥无期。

（2）正视危机，寻找力量的源泉。

危机能激发我们竭尽全力。无视这种现象，我们往往会愚蠢地创造一种舒适的生活方式，使自己生活得风平浪静。当然，我们不必坐等危机或悲剧的到来，从内心挑战自我是我们生命力量的源泉。

（3）加强排练，开辟成功之路。

先"排演"一场比你要面对的局面更复杂的战斗。如果手上有棘手活而自己又犹豫不决，不妨挑件更难的事先做。生活挑战你的事情，你定可以用来挑战自己。这样，你就可以开辟一条成功之路。成功的真谛是：对自己越苛刻，生活对你越宽容；对自己越宽容，生活对你越苛刻。

（4）离开舒适区，不断挑战自己的极限。

如果我们不断寻求挑战，体内就会发生奇妙的变化，从而获得新的动力和力量。但是，不要总想在自身之外寻开心。令你开心的事不在别处，就在你身上。因此，找出自身的情绪高涨期用来不断激励自己。

（5）敢于犯错，让自己取得更大进步。

有时候我们不做一件事，是因为我们没有把握做好。我们感到自己"状态不佳"或精力不足时，往往会把必须做的事放在一边，或静等灵感的降临。如果有些事你知道需要做却又提不起劲，尽管去做，不要怕犯错。给自己一点自嘲式幽默。抱一种打趣的心情来对待自己做不好的事情，一旦做起来了一定会乐在其中。

（6）慎重择友，让快乐与成功跟自己做伴。

对于那些不支持你目标的"朋友"要敬而远之。你所交往的人会改变你的生活。结交那些希望你快乐和成功的人，你在人生的路上将

获得更多益处。对生活的热情具有感染力。因此同乐观的人为伴能让我们看到更多的人生希望。

（7）精工细笔，让自己与众不同。

创造自我，如绘一幅巨幅画一样，不要怕精工细笔。如果把自己当作一幅正在创作中的杰作，你就会乐于从细微处作改变。一件小事做得与众不同，也会令你兴奋不已。总之，无论你有多么小的变化，点点都于你很重要。

其实，每个人身上都有巨大的潜能。现实生活中人与人的差别之所以这么大，正是因为有的人没有激发沉睡中的潜能。当然，这也是由心理态度与努力程度的不同所决定的，也和所受的教育和所处的环境不同有关。一个人只有具备积极的自我意识，才会知道自己到底是个什么样的人，还会知道自己能成为什么样的人。

人的潜能是无限的，勇于相信自己的人总是努力激发自己的潜能去完成伟大的目标。虽然他在实现目标的过程中，经常会遭遇挫折和失败，但他从失败中学到的比在成功中学到的还要多，每一次的挫折和失败都是向成功迈进了一大步，日后必会有所成就。

这就是成功者之所以成功的诀窍，他们将自身的潜能发挥到极致。**潜能就是蕴藏在每个人体内的巨大的能量，是一笔巨大的财富，只有把潜能从沉睡中唤醒，才能真正发挥能量，创造奇迹，走向成功。**

要学会不感情用事

在生活中，包容与否，理性与否，自由与否，平和与否，只在一念之间，只是触动了某一根弦。关键问题是，谁动了我这根弦。人就是要懂得：积蓄自己的力量来应对生活中的困难与挫折，哀而不伤，愁而不苦，很沉重，很沉稳。若想让自己过得轻松，就得平和、理性

地对待生活。

人是感情的动物，当平时谈论别人的事情的时候，可能讲的"头头是道"，非常理性、有逻辑，但是，轮到自己面对一样的事情时，却无法理性面对，反而因为"感情用事"，在混乱中去做出错误的决定、行为，所以要如何学习，去避免自己不要"感情用事"，是我们人生中面对的最大的挑战。

相信每个人都曾有过这样的经验，当我们因为无法与某些人沟通，都会很气愤地跟旁人说"当时真的很想揍对方一顿"，不过，相信绝大部分的人，都只是说说而已，不会真的有人最后会去揍人，只是我们人常常会因为"感情用事"，在短暂的瞬间失去了理智，并且做出错误的决定与行为，等到时过境迁之后，才深深的后悔，所以，不论我们是在职场工作，或是在日常的生活中，我们做任何事都要让自己避免"感情用事"。

当我们陷入"喜、怒、哀、乐"的情绪时，可先让自己冷静一下，然后再决定并做出下一步的决定，可能这样就不致于陷入"感情用事"的泥沼中了。

每个人都有感情，所以遇到可喜的事情时会高兴，不如意时会生气，伤心时会流泪。受感情的拘束或驱使，也是常情。但如果缺乏率直的心胸，单凭感情来处理事情，就一定不能做出正确的判断。举例说，打开报纸，我们几乎每天都可以看到冲突、伤人，甚至杀人的报道，而发生这类事情的最大原因，就是缺乏率直的心胸，太容易受到感情的拘束或驱使。一个有率直心胸的人，能够控制自己的感情，不受它的拘束或驱使，所以不会做出糊涂事。如果过于感情用事，就做不到这一点。

1. 避免感情用事，成熟心智让生活充满乐趣

当我们"感情用事"时，心智是在感情强烈冲动的情况下，不根据事理，不考虑实际可能，其行为丧失理智，很容易引起不良后果。有时，感情用事虽然没有引起直接的、明显的恶果，但从心理学角度

看，这会挫伤别人的感情，造成心理上的创伤，影响人际间的交往和关系。即使一时的感情用事没有造成不良的后果，或被别人谅解了，但也不能掉以轻心，因为若不及时注意克服，一旦形成了习惯，不仅难以克服，而且迟早会造成严重的后果。

那么，如何避免感情用事呢？

（1）对人谦让。

一个人如果总是好自我表现，那就会忙碌不堪。如果尝试去当配角和后台工作人员，就会感到时间充裕，享受到从紧张感里解放出来的乐趣。

（2）对别人要宽宏大量。

不要对别人要求过甚，对别人批评、责难要合情合理，否则会增加自己的烦恼、愤怒、焦虑等消极情绪。

（3）培养良好的情绪。

易于冲动、感情用事的人，其举止常受情绪左右，在情绪冲动的一刹那，理智隐退，意志失控，凭感情用事。因此，克服感情用事的毛病，首先要培养自己的良好情绪。尤其需要努力以意志来控制自己的情绪，并排除外界事物对自己情绪的干扰。同时，健全自己的性格，磨练自己的意志。

（4）勇于认错。

人们常常因为感情用事而赌气发恨，造成友谊的裂痕、交往的中断或财物的损失。事后冷静下来，也感到不值得、不应该；但又觉得一言既出，驷马难追，不愿收回成言，生怕丢了"面子"。其实，这种顾虑大可不必。殊不知，一个勇于纠偏改错的人，哪能不受人们的欢迎呢？只有勇气认错，感情用事的毛病才更容易克服。

（5）吸取教训。

由于感情用事往往不根据客观现实，只以自己的愿望行事，自然常常失败。但失败并不可怕，只要吸取教训，包括自己的，也包括别人的教训，努力把自己的主观愿望与客观可能结合起来，冷静地理智地分析问题和处理问题，这样也能避免感情用事。

（6）坦率地交谈。

找你信任的、谈得来的、头脑冷静的人交谈，把你的喜怒哀乐尽情地向他倾吐，不让内心积存任何消极不利的情绪和情感，以避免积郁成疾和因为狂怒狂喜等等的强烈刺激而引起大脑皮层的高级神经活动兴奋与抑制功能的失调。

（7）暂时地逃避。

如果你遇到了紧张的刺激冲击或者遭到挫折、困难、失败而陷入深深的自我烦恼状态，最有效的办法是暂时逃避，转移注意力，经过一段时间之后，就会恢复心理上的平静，或者把心灵上的创伤填平。

（8）为别人服务。

多为别人着想，多为别人服务，可以帮助你消除自己的烦恼。做好事会使你心安理得，心满意足。

（9）避免超乎常态的行为。

不要做力不从心的事，不要连续承担难题。把什么事都一古脑儿包揽下来，会使你招架不住，不仅大伤脑筋，而且会使你感到非常紧张、烦躁，严重时甚至会走向精神崩溃的边缘。

2. 用心感觉生活，活出无限精彩

事实上，我们这一生中都是在进行感性和理性的斗争。作为人类——矛盾复杂的综合体。不管什么样的情绪都应该具备。我们不可能一味地感情用事，或者一味地面对现实。太过于感情用事的人，非常情绪化，他们面对任何事情可能不太会顾全大局。他们的心情起伏不定，很容易把态度写在脸上，很容易暴露自己。但是他们善良、多情、真诚、寂寞、空洞、这样一种人脆弱，但又在脆弱中不断地树立坚强。面对现实的人，内心漠然，态度坚强，有很强适应社会的能力，有很高的交际手腕。现实生活中他们是强势体。但他们不会在寂寞的夜里思考爱情，细数寂寞，他们不写煽情的文字，不做无畏的付出。他们的人生观清晰却乏味。

一个女病人，她整体感到生活非常平淡、乏味，因为她觉得每天的生活是周而复始地在不断重复，没有新意，没有乐趣。于是治疗家就告诉她要懂得去感觉某些东西，但是心理治疗家很快就发现，任何她所做的，她都没有去感觉，而只是去思考感觉，不管治疗家怎么提示都没有用。

治疗家就将他的手放在那个妇女的手上面，然后用力压，告诉她闭起她的眼睛，然后叙述她的感觉，她立刻回答："我感觉到你的手。"

但是那个治疗家说："不，那不是你的感觉，那只是你的思想，你的推论。我将我的手放在你的手中，你说你在感觉我的手，但是你并没有，这是推论。你感觉到什么。"

她想了一下然后回答说："我感觉到你的触摸。"

那个治疗家再度说："不，这不是感觉。不要推论任何事情，只要闭起你的眼睛，而移到我的手的地方，然后告诉我，你感觉到什么。"

终于她说了："喔！我把事情都弄错了，我感觉到的是压力和温暖。我明白了我应该去感觉生活中的事物，而不应该去"思维"生活中的事物"。

日常生活中人们往往有太多的习惯性思维，这种习惯性思维会妨碍我们去感受事物的新意，用我们既往经历中获得的概念和判断去看待事物，于是我们就变得不敏感了，我们的感觉退化了，我们就变得越来越老了……若是一个完整的人，想必在必要的时候感情用事，在别无选择的时候面对现实。你抹去谁都意味着你抽掉了身体里一个真实的自我。何必呢？

我们需要思考人生，我们需要体会情感，我们需要感性的审视自己的内心，这样我们才不至于变得麻木。无论怎样，生活总得继续，路还在延展。生活需要理性去主导，还需要添加感性的佐料，才不会让自己陷入颓废，才能让自己看到希望所在，才会找到向前的动力。不管是开心还是伤心，都要谨记把头抬起，沿着理性之路向前走去。